Kühnlein | Wer hat Angst vor Gott?

[Was bedeutet das alles?]

Michael Kühnlein

Wer hat Angst vor Gott?

Über Religion und Politik im postfaktischen Zeitalter

Reclam

Für meine Mutter

RECLAMS UNIVERSAL-BIBLIOTHEK Nr. 19423
2017 Philipp Reclam jun. GmbH & Co. KG,
Siemensstraße 32, 71254 Ditzingen
Gestaltung: Cornelia Feyll, Friedrich Forssman
Druck und Bindung: Canon Deutschland Business Services GmbH,
Siemensstraße 32, 71254 Ditzingen
Printed in Germany 2017

ISBN 978-3-15-019423-2

Auch als E-Book erhältlich

www.reclam.de

Inhalt

Einleitung: Über das Angstkreuz der Moderne

Normalerweise ist alles anders. Wenn ich als Wissenschaftler und Forscher eingeladen werde, einen Vortrag zu halten oder einen Beitrag zu schreiben, dann schaue ich mir höflicherweise das Thema an, worüber ich sprechen soll, skizziere ein Thesenpapier, formuliere es aus, und zum Schluss überlege ich mir noch einen guten Titel. Von diesen Standards akademischer Rechtschaffenheit bin ich in diesem Fall abgewichen. Denn bei dem Ziel, einen Essay über das Verhältnis von Religion und Politik zu schreiben, stand mir in Sekundenschnelle der Titel bereits vor Augen – noch bevor ich überhaupt eine Zeile auf das Papier gebracht hatte: *Wer hat Angst vor Gott?*

Für mich ist diese Angst vor Gott ein fundamentales Merkmal der Moderne, ähnlich wie die kantische Kritik der Vernunft und das postmoderne *Anything goes*. Vor gar nicht langer Zeit hat sie sogar die neutralen Barrieren des Rechtsstaats übersprungen und in Gestalt der Verhältnismäßigkeit die Religionsfreiheit beschnitten. So urteilte das Kölner Landgericht 2012, dass die Zirkumzision, also die Entfernung der männlichen Vorhaut aus religiös-kulturellen Gründen, den Tatbestand der Körperverletzung erfülle und dem Wohle des Kindes zuwiderlaufe. Von Rechts wegen wurde also sanktioniert, was sich spätestens seit der Aufklärung als immer lauter werdendes Gerücht seine eigene Bestätigung gesucht hat: Religion ist zwingend gewalttätig und gehört im modernen freiheitlichen Rechtsstaat gezügelt. Zu diesem Bild passt, dass sich die Kölner

Richter in ihrer Begründung auf die Argumente von Holm Putzke bezogen haben, einem Rechtswissenschaftler, der als Beiratsmitglied der atheistischen Giordano-Bruno-Stiftung naturgemäß mit religiösen Angstträumen zu tun hat.

Doch in meinem Essay beschäftige ich mich nicht nur mit der *säkularen* Angst vor Gott; das würde als Epochenkennzeichnung sicherlich zu kurz greifen. Vielmehr geht es mir in meiner Darstellung auch um die in den Stätten des Heiligen produzierte Gottesfurcht selbst, also gewissermaßen um deren *religiöse* Entwicklung. Denn auch das gebietet die Fairness: Die weltweite Wiederkehr der Religion ist, was zumindest ihre fundamentalistischen Ableger betrifft, eine brandgefährliche Quelle der Einschüchterung, bei der die Enttäuschung im Angesicht der Sinnlosigkeit der liberalen Freiheitskultur mit der rechten Angst vor Gott zusammenfällt, der allein nur unsere Seelen zu erlösen vermag.

Erst beide Seiten zusammen ergeben das unheilvolle Bild einer sich im Taumel befindlichen Moderne, die ihre Liberalität aus Gründen der Sicherheit immer weiter hinterfragt. Die Angst entspringt dabei aus dem Herzen der Moderne selbst. Aber sie ist deshalb nicht auch ihr unabänderliches Schicksal.

Doch warum? Dazu müssen wir tief in ihre Geschichte eintauchen, ihre konstitutiven Mythen und Legenden zu fassen und zu erzählen versuchen, um verstehen zu können, wie sich Liberale und Gläubige auf der Grundlage ihres narrativen Selbstverständnisses jeweils säkular und religiös gemacht haben.[1] Damit verbinde ich die Möglichkeit einer Neu-Erzählung, die dramaturgisch nicht mehr dem alten Frontverlauf folgt, sondern vielmehr neue Wege zwischen Vernunft und Religion zu erproben versucht. Zumindest ist das meine Hoffnung, auf die hier auch der Titel anspielt. Er nimmt Bezug auf Albees *Who is afraid of Virginia Woolf?* (*Wer hat Angst vor Virginia Woolf?*, 1962), einem Stück, das mit den verlogenen Idealen des *American Way of Life* schonungslos abrechnet. Während Albee aber die verdrängte Gewalt in der individualistischen Beziehungsrhetorik auf die Bühne bringt, geht es in meinem Essay um die erzählerische Neudeutung jener seltsamen ›Angstlust‹, die das Nachdenken über Religion von jeher in ihrem (verborgenen) Schraubstock hält. Gott ist nämlich nicht der große böse Wolf (*the big bad wolf*), von dem die alten Kinderlieder schaurig-wohl zu berichten wissen. Und wenn Grund für diese Annahme besteht: Wer wollte sich dann noch vor der Gegenwart fürchten?

I. Der Unbehauste

§1 Drei Kränkungen

Die Entwicklung der Moderne hat ihre eigene Leidensgeschichte. Zeitgenössischem Denken geht es demgegenüber oft vor allem darum, an der Vorwärts- und Zielgerichtetheit ihrer Arbeit keinen Zweifel zu lassen und selbst noch in allem Unvollendeten irgendwie Fortschrittlichkeit aufscheinen zu lassen. Es zählt nun zu den wichtigeren Einsichten Sigmund Freuds, dass man diese Emanzipationsgeschichte auch rückwärts erzählen kann – und zwar nicht als Fortschritt zu immer größerer Freiheit und Kompetenz, sondern als eine Abfolge narzisstischer Kränkungen des Menschen.

In seinem Aufsatz von 1917 über »Eine Schwierigkeit der Psychoanalyse« beschreibt Sigmund Freud die Logik der Weltbildrevolutionierung als dreifachen Prozess der Verdrängung des Menschen aus seiner angestammten metaphysischen Mitte: vertrieben aus den Himmelskathedralen des Universums (die Erde steht nicht mehr im Zentrum des Universums), der Schöpfung (der Mensch ist nicht mehr die Krone derselben, sondern nur ein Tier unter Tieren) und der Souveränität (bewusstes Denken bildet nur den kleinsten Teil des menschlichen Denkens, ist nur die Spitze des Eisbergs). So wird die Existenz des Menschen immer mehr zu einer randständigen Erscheinung. Dieser Prozess der Marginalisierung läuft nicht ohne innere Verwerfungen ab; vielmehr ›kränken‹ die historischen Institutionen der Wissenschaft den Menschen in den Tiefen seines Daseins: Kosmologisch, biologisch und psychologisch findet ein umfassender Exodus statt, der ihn zu einem metaphysischen *Unbehausten*,[2] zu einem Paria bzw. Klassenlosen macht.

Gegenüber dem vorwärtsgerichteten Triumphalismus der reinen Vernunft erinnert Freuds Reihung der Kränkungen also vor allem an die vielen Schründe und Narben, die der Prozess der Wissensemanzipation im kollektiven Gedächtnis der Menschheit hinterlassen hat: das Gefühl der Verlorenheit, das sich einstellt, wenn man sich urplötzlich aus der Mitte des Universums herausgeworfen sieht (»kosmologische Kränkung«); das Gefühl der Demütigung, wenn man erkennen muss, dass wir uns zum Affen machen, wenn wir weiter auf unsere göttliche Abstammungslinie bestehen (»biologische Kränkung«); und schließlich das Gefühl der Entfremdung, das uns befällt, wenn wir uns eingestehen müssen, dass wir nicht so sehr rational Agierende, sondern vielmehr Getriebene unseres Unbewussten sind (»psychologische Kränkung«). Wäre die ›Menschheit‹ eine Person, so müsste man ihr dringend eine ärztliche Behandlung anraten, doch in der nachträglichen Bearbeitung des Befundes durch die verweltlichte Vernunft wird daraus das Langzeitporträt einer selbstbewussten Aufklärungsgeschichte geschmiedet, die von all diesen existenziellen Krisen des In-der-Welt-Seins nur noch wenig oder gar nichts mehr weiß, weil sie sich immer nur weiter und weiter nach vorne wirft.

Dieser große Vorgang der Gottes-Emanzipation hinterlässt jedoch seine Spuren, denn letztlich steht auch dieser paradigmatische Wechsel im Erklärungsansatz nicht außerhalb von Raum und Zeit. »We never really advance a step beyond ourselves« (David Hume) – und das bedeutet, dass es eben keinen unverrückbaren festen Punkt der Selbsterkenntnis gibt, an dem die Vernunft ansetzen könnte, um objektiv zu bestimmen, was sein soll und vor allem: was *nicht* sein soll. Letztlich geht es nur um eins: nämlich um die bestmögliche Interpretation der besten aller möglichen Welten. Und ob diese Welt mit Gott oder ohne Gott gedacht werden kann, muss oder soll, lässt sich eben von vorneherein nicht entscheiden.

Aber vielleicht ist ja die Wahrheit gerade dort zu suchen, wo der emotionale Widerstand am größten ist? Insofern möchte ich meine Überlegungen mit einer kurzen Erzählung beginnen, die den Durchschnittsbewohner der modernen Welt, den *Underdog* oder genauer gesagt: den metaphysisch Unbehausten, in den Mittelpunkt stellt. Denn sein intellektueller Werdegang steht geradezu idealtypisch für die Karriereoptionen des Atheismus. Aber wohlgemerkt: Meine Geschichte erzählt nicht die wahre Biographie des Unbehausten (die es als solche auch gar nicht geben kann), sondern sie handelt nur von der Poesie seiner Überlebenskunst in einer metaphysischen Mondlandschaft.

§2 Der Mensch, der Unbehauste

Am Anfang des Lebensweges des Unbehausten steht die Ur-Erfahrung des Verlassenseins; herausgeschleudert aus der Mitte des Universums muss er seine Zelte an den Rändern seiner Vorstellungskraft aufschlagen. Er wird zu einem Grenzgänger zwischen den Welten, verzweifelt auf der Suche nach der verlorenen Ordnung der Dinge, nach der verschwundenen göttlichen Stadt. Da er die Mitte nicht mehr beheimatet, gehen ihm Orientierungspunkte verloren, auf die hin er seine Identität hätte verlässlich ausrichten können. Der Unbehauste muss also lernen, umzudenken, muss damit klarkommen, dass er nicht mehr im Zentrum von Gottes liebender Aufmerksamkeit steht. Die »Entdeckung des Himmels« (Harry Mulisch) durch den Menschen kündigt den Bund Gottes (also den Bund mit und durch Gott) auf. Und das bringt mit der Zeit eine Wesensveränderung mit sich: Die metaphysische Ungebundenheit gegenüber der althergebrachten Ordnung lässt den Heimatlosen kritisch werden. Seine Existenz wird randständig, er bewirtschaftet Erkenntnis nur noch von den Bedingungen ihrer Möglichkeit her.

Und schon bald macht der Unbehauste die revolutionäre Entdeckung, dass die Grenzen der Erkenntnis des Universums ›da draußen‹ mit den Grenzen der Vernunft ›hier drinnen‹ identisch sind. Alles unterliegt damit dem Bewegungsprofil seiner metaphysischen Mobilität, d. h.: Um etwas über die Ordnung der Dinge auszusagen, darf man seinen Standpunkt nicht mehr anhand der vorgegebenen Himmelsrichtungen der göttlichen Wirklichkeit ausrichten; vielmehr wandert dieser Ort mit den Bedingungen der Erkenntnismöglichkeiten des Subjekts stets mit. Es gibt also kein aussagbares Sein an sich mehr, es sei denn, man konstituiert es in einem transzendentalen, im wortwörtlich für sich seienden Sinne, und so wird aus dem ehemals stolzen Wirken der Metaphysik als ›erste Philosophie‹ ein Ausscheidungsprodukt der reinen Vernunftkritik. Oder in Übernahme von Kants Worten: Nur der »kritische Weg« steht dem Unbehausten »allein noch offen«.

Mit dem Auszug aus dem Zentrum des Universums verschieben sich alsbald auch die erzählerischen Koordinaten im Raum-Zeit-Verständnis des Unbehausten; naturalistische Parallelerzählungen entstehen, denn wenn wir uns räumlich von Gott entfernen müssen, dann besteht auch in der Zeit keine Abhängigkeit mehr von ihm – und überhaupt herrscht dann nur noch bloßer Zufall in einer Welt, in der alles, was ist, nunmehr ohne Zielgerichtetheit bzw. ohne Teleologie, also rein durch chemisch-physikalische Prozesse der Auslese, erklärbar sein soll. Der Heimatlose vollzieht mit der räumlichen Trennung von Gott also auch eine Verzeitlichung bzw. Temporalisierung der menschlichen Abstammungsbedingungen: Seine Herkunft ist strikt von dieser Welt. Mit diesem Bekenntnis zu sich selbst hebt die moderne weltliche Kultur an. Religiöse Absichten und Zwecke spielen in der Evolution kaum noch eine Rolle mehr.

Das Deutungsprivileg der Religion über die ersten und letzten Geheimnisse der menschlichen Natur geht damit vollständig auf die Natur über. Ihre Sprache ist Festgelegtheit und Determination, die entsprechend ihrer naturalistischen Heilslogik sogar Gott zu übertrumpfen in der Lage ist: Denn anders als Gott vermag sie uns reinen Gewissens zu erlösen, weil das Böse in der Tradition nur eine semantische Fehlstellung ist und etwas bezeichnet, was nur ›so genannt‹ wird, eigentlich aber etwas ganz anderes meint: nämlich eine Form von Art erhaltender Aggression, deren Naturgeschichte in den Augen des Unbehausten aus jedem Glauben erst einen Sündenfall macht.[3]

Und das Gleiche gilt für den altehrwürdigen, einstmals ganze Bedeutungswelten umspannenden Begriff der Freiheit: Auch seine Verwendung, so der Vorwurf, beleuchte nur eine Scheinwelt menschlichen Beisammenseins, die die harte Faktenlage ignoriere, dass alle unsere Handlungen von einem emotionalen Erfahrungsgedächtnis aus gesteuert werden. Auf der absolut festgelegten, deterministischen Codierung von uns als etwas soll nun fortan der Segen der Berechenbarkeit liegen – denn sie allein vermag uns noch in einer entgötterten Welt Absolution zu versprechen.

Ein Beispiel für die Verführbarkeit der Freiheit durch Natur findet sich in Peter Høegs Roman *Der Susan-Effekt*; seine Protagonistin, eine Experimentalphysikerin, führt dem Leser die ruhige Erhabenheit des menschlichen Lebens vor:

> »In zehn Jahren werden wir jegliches Bewusstsein zu Psychologie reduziert haben. Alle Psychologie zu Biologie, alle Biologie zu Chemie, alle Chemie zu Physik, alle Physik zu Mathematik, die wir in ein logisches Kalkül entleert haben. Bis dahin haben wir eine Algebra, die erschöpfend und konsistent die Gesetzmäßigkeiten hinter jedem Bewusstsein beschreibt.«

In der unaufgeregten Schönheit dieser naturalistischen Vision liegt also ein stilles Moment der Tröstung: Aus der hochfahrenden Verantwortung für eine Freiheit, deren Wahrheit schlicht ›notwendig‹ ist, wie der deutsche Idealismus in seiner Blütezeit noch formulieren konnte, wird ein schlichtes Naturgesetz der Lossprechung, nach dem alles, was ist, *nur* notwendig ist. Freiheit ist die Illusion, deren Unschuld als Gedanken der Determinismus als Erstes wegnimmt.

Aber der Unbehauste, wie ich ihn mir vor Augen führe, ist ein charismatischer Kopf, der sich auch vom Unbewussten nicht dauerhaft an der Nase herumführen lassen will. Er springt nicht von Gottes Klinge, um sich der animalischen Herrscherin der Natur in ihm selbst zu beugen. Überzeugt davon, dass die Triebkräfte der menschlichen Natur nur durch die Vernunft selbst in Schach gehalten werden können, ersinnt er daher auf seiner Wanderung zu sich selbst zwei Herrschaftsreiche, einen physischen und einen moralischen. Ausreichend universalisiert sollen sich dabei die Maxime der ›eigentlichen‹ Welt über jeden noch so trüben Versuch der Tröstung und des Ersatzes in der ersten Welt erheben. Mit anderen Worten: Gegen den natürlichen Wahn der menschlichen Gottesprojektionen hilft auf Dauer nur das bessere Wissen derjenigen, die über ihre Wünsche und Instinkte aufgeklärt sind. Die infantilen ›Über-Ängste‹ müssen stillgelegt, ihre neurotischen Wurzeln abgeschnitten werden, damit wir klar und deutlich erkennen können, dass die religiösen Illusionen keine Heimat mehr haben und allenfalls unter Einhaltung von strikten Beobachtungskriterien der reinen praktischen Vernunft ihre Legenden erzählen dürfen (entsprechend dem kantischen Modell einer *Religion innerhalb der Grenzen der bloßen Vernunft*).

Gegen die unbewusste Vater-Sehnsucht, so folgert der Unbehauste, hilft also nur die absolute Selbst-Durchsichtigkeit der Vernunft. In ihr geht es dann selbstverständlich nicht mehr um irgendwelche Inhalte, denn diese könnten ja mit unbewussten Wünschen und Neigungen durchsetzt sein, die sich verzerrend auf die angestrebte Objektivität unseres moralischen Urteils auswirken. An der Stelle des

Inhalts wird jetzt die Form vergottet, in der wir uns selbst anrufen; denn allein mit dieser Anrufung der Form vollzieht der Heimatlose seinen feierlichen Eintritt bzw. seine Initiation in ein moralisches Reich der Zwecke, das sich in seiner universalen Erhabenheit über die sinnlose Materie aufspannt.

Doch um dorthin zu gelangen, muss vor allem die Form gewahrt bleiben; Inhalte sind dem Unbehausten nicht sonderlich wichtig, wenn sie nicht auf die richtige Art und Weise zustande gekommen sind. Inhaltlich erschafft er nämlich nur das, was auch »Gott geschaffen hätte, würde er existieren« (Michael Walzer). Die auf das Ganze abzielende Differenz kommt dagegen in der Autonomie des Denkstils zum Vorschein: Das moralische Gesetz wird nicht mehr ›von oben‹ empfangen, sondern von der Vernunft nach strikten universalisierungsfähigen Regeln selbst gegeben. Die Vernunft lässt also niemanden zurück, denn alles, was sein soll (und nicht ist), soll jetzt objektiv, und d. h.: für jeden verantwortlich erkennbar und erreichbar sein.

Diese Personalunion von Schöpfer und Empfänger, Gesetzgeber und Bürger, Prophet und Repräsentant sowie von Libertin und Schuldner bindet Freiheit kategorisch an das denkende Subjekt und macht dadurch jeglichen metaphysischen Schöpfungsdualismus zunichte; sein guter Wille allein verschließt alle göttlichen Einfallstore: Prometheus, der eigentlich für die Menschen das Feuer von den Göttern stahl und von diesen zur Strafe an einen Felsen gekettet wurde, entlässt sich selbst in die Welt.

§3 Die große Enttäuschung

Die prometheischen Fertigkeiten, Niederlagen wegzustecken oder mit Resilienz zu ertragen, haben sich unter den unbehausten Bedingungen der Moderne gewiss noch weiterentwickelt. Und so ist in den liberalen Gesellschaften des Westens der aufgeklärte Parvenü zur bestimmenden intellektuellen Figur geworden. Seine charismatische Herrschaft verdankt sich dabei vor allem dem Bewusstsein, die Entwicklung der säkularen Moderne auf den Weg gebracht und dabei natürlich immer auf der *richtigen* Seite gestanden zu haben: Sowohl in der Perspektive der Vernunft als auch in der Perspektive der Natur erhebt der Unbehauste den Anspruch, die Menschheit von der elenden Besatzungsmacht der Religion befreit zu haben. Ausgesetzt am Rande des Universums kultiviert er einen »Blick von nirgendwo« (Thomas Nagel), der vor allem die Unabhängigkeit seines Weltzugangs betont.

Und genau diese Botschaft der Neutralität flößt den Anhängern des Unbehausten Vertrauen ein. Seine Erzählungen über die Moderne kränken niemanden, deshalb hört man ihnen auch gerne zu, denn anders als in den alten narzisstischen Glaubenskämpfen geht es hier nicht mehr um die erbitterte Verteidigung der alten Ordnung, sondern um die Auferstehung des Menschen aus den Ruinen seiner zerstörten metaphysischen Heimstatt. Der Heimatlose webt daraus eine grandiose Lehre, warum es das Böse auf der Welt gibt, er entwickelt eine Theodizee des Säkularen, die ihm als natürlicher Sammel- und Zielpunkt aller Forschungsrichtungen erscheint.

Wie von einer *invisible hand* geführt lassen sich dabei

die Ergebnisse der Einzelwissenschaften in eine natürliche Ordnung bringen. Das, was als Mehrwert herauskommt, stellt so etwas wie eine wahre Gesamtschau der Wirklichkeit dar, wie sie sich (unverzerrt durch kindliche Sehnsüchte) dem Unbehausten und seinen Anhängern offenbart. Sein und Sollen fallen also im Atheismus zusammen. Im Unterschied zur unendlichen Wahrheit Gottes hat diese säkulare Wahrheit den Vorteil, für ihre Gläubigerschar tatsächlich erreichbar zu sein, denn schließlich drückt sie ja auch angeblich die ›wahre‹ individualistische Natur des Menschen aus. Dieser Umstand erklärt wohl auch die bleibende Faszinationskraft des Unbehausten: Denn er verkündet nicht als ein sozial freischwebender Gipfel-Prophet die Gesetze Gottes, sondern schlüpft eher in die Rolle des *Underdog*, der sich unter das Volk mischt und die fröhliche Parole vom Tode Gottes als »natürliches Licht« (*lumen naturale*) der Wissenschaft spektralfarbig in die Welt projiziert. Das ursprünglich nur vertikal zugängliche Wissen von Gott wird hier durch die horizontale Macht der Erklärbarkeit prinzipiell jedem zugänglich gemacht.

Die ihm eigene demokratische Bescheidenheit des Unbehausten paart sich allerdings, falls sie herausgefordert wird, mit großem Sendungsbewusstsein: Denn letztlich ist ihm seine Unabhängigkeit nicht nur einfach in den Schoß gefallen, sondern er hat sie sich gegen äußere Widrigkeiten erkämpfen müssen. Insofern will er sich durch den Gang der Dinge in seiner säkularen Identität auch anerkannt wissen; und so stellt die Entwicklung der Moderne eine tiefe spirituelle Quelle seiner Rechtfertigung dar. Doch diese »Theodizee des Glücks« (Max Weber) ist auf eine Faktenlage angewiesen, die sich realpolitisch eigentlich gar nicht finden lässt. Die Dreieicksbeziehung zwischen Vernunft, Natur und Religion verändert nämlich im Laufe der Zeit immer wieder ihre kommunikativen Anstellwinkel, so dass ein festes, fortlaufendes Koordinatensystem der Moderne, ein erkennbares, immer wiederkehrendes Schema, eine schon immer angelegte Ausrichtung auf ein bestimmtes Ziel hin, eine immanente Teleologie einfach nicht entstehen will. Alles fließt – und in diesem mäandernden Strom voller Optionen bildet auch die Säkularität keine feste, verlässliche Insel mehr.

Und so beginnt der Unbehauste erneut, an der Welt zu leiden. Mit besonderem Argwohn begegnet er dabei jenen restaurativen Bemühungen, die aus seiner Sicht den verwaisten Platz der Metaphysik im Namen des einen Gottes wieder einnehmen wollen. Um dieser Gefahr für sein Lebenswerk vorzubeugen, wirft sich der Heimatlose wechselnde Charaktermasken über, um vorzugsweise in der agitierenden Rolle des Philosophen, des Evolutionsbiologen oder des Psychologen auf einer breiten Front Stimmung gegen die von ihm als Schreckensszenario an die Wand gemalte »Rückkehr der Religion« (Martin Riesebrodt) zu machen. Ein klares Ziel für die Auseinandersetzung hat er dabei nicht vor Augen, braucht es wohl auch nicht, denn er weiß ja Vernunft und Natur immer auf seiner Seite. Und er will vor allem eins, nämlich: um seine Reputation kämpfen. Da ist der öffentliche Feind schnell ausgemacht: Es sind eben jene Störenfriede,[4] die mit Macht wieder in die entleerte Mitte des Universums zurückströmen wollen, um die Verzweiflung vor dem *horror vacui* mit göttlichem Sinn zu befüllen.

Diese Konterrevolution im Reich der Vernunft und der Natur trifft den Unbehausten sichtlich unvorbereitet, wähnte er sich doch spätestens nach dem Zusammenbruch des Kommunismus auf der sicheren Seite des *Posthistoire*. Und nun sieht er sich mit der schmutzigen Wahrheit konfrontiert, dass sich das »Ende der Geschichte« (Francis Fukuyama) anscheinend doch noch weiter verzögert. Was dem Heimatlosen also schmerzt, ist die Erkenntnis, dass er das feierliche, endgültige Eintreffen bzw. die Parusie *seines* großen Geschichtsfinales zu Lebzeiten wohl nicht mehr erleben wird. Diese Enttäuschung über das Ausbleiben der säkularen Naherwartung nährt den Zorn und die Wut auf die Aufwiegler und Bremser. Und deshalb startet der Unbehauste sogleich eine argumentative Säuberungsaktion, die in ihrem Grundgestus ihr alttestamentarisches Vorbild nicht verleugnen kann. Gewiss: Mit dem Tode wird nicht mehr bestraft, wer von Gottes Bund abfällt (vgl. Ex 32,25–28); doch zumindest liest er den modernen Gottesbildnern gehörig die Leviten ob ihres erkenntnistheoretischen Verrats an den Gesetzen von Vernunft und Natur.

Dabei verhält sich der Unbehauste in dieser Geschichte ironischerweise genau spiegelbildlich zu dem von ihm vergrätzten Gott – nur die Beschwörungsformeln werden im Namen des Fortschritts ausgetauscht. Aus dem monotheistischen Exklusivitätsanspruch (»Du sollst neben mir keine anderen Götter haben«; Ex 20,2) wird ein elitärer Mono-Atheismus, der genauso bestimmend auftritt und seine ganzen »Überzeugungen von der Hoffnung auf die Nichtexistenz Gottes beeinflussen läßt«. Vor allem die ätherischen Quellen der Philosophie des Geistes verströmen in ihrer Lichtgestalt die heilige Aura trotziger Willensbehauptung: »Es ist nicht nur so, daß ich nicht an Gott glaube und natürlich hoffe, mit meiner Ansicht recht zu behalten; sondern eigentlich geht es um meine Hoffnung, es möge keinen Gott geben! Ich will, daß es keinen Gott gibt; ich will nicht, daß das Universum so beschaffen ist.« (Thomas Nagel)

Mit diesen unversöhnlichen Worten soll die Geschichte über den Unbehausten in die Gegenwart überführt werden. Wer sich ein besseres »Standing« für diesen erhofft, der mag die Geschichte anders erzählen. Und ja – meine Darstellung ist gewiss einseitig und ungerecht und vielleicht auch missmutig, zweifelsfrei ironisch und hoffentlich nicht zu apologetisch. Und sicherlich gibt es auch ›den‹ Unbehausten nicht, sondern nur einzelne Philosophen, Naturalisten und pseudo-kritische Wissenschaftsjournalisten mit ihren Alltagsbestsellern. Insofern liefert dieser Begriff mehr eine Signatur als einen Namen; er kennzeichnet nämlich ein Denken, das nicht nur religionskritisch, sondern ausgesprochen religions*feindlich* aufgestellt ist. Diese negative Fixierung auf die Religion stellt geradezu den *modus operandi* seines Willens dar. Denn so gut wie alles, was der Unbehauste denkt und tut, denkt und tut er in Abgrenzung zur Religion. Er ist ein Meister, aber letztlich nur einer der Verneinung: So ist Autonomie für ihn nichts anderes als negierte Heteronomie, Immanenz nichts anderes als negierte Transzendenz und Vernunft nichts anderes als negierte Auferstehung.

Spätestens seit Hegel wissen wir aber, dass eine Negation, die ihre begriffliche Abhängigkeit vom Negierten selbst nicht mitreflektiert, das Wissen auf der Stelle treten lässt. Sie bleibt immer destruktiv, ohne Versöhnungsperspektive – ähnlich wie die Entscheidung des Unbehausten, die irrationale Hoffnung auf die Nicht-Existenz Gottes rationaler zu finden als die irrationale Hoffnung auf seine Existenz, letztlich unvermittelbar bleibt. Auf diese Logik hat bereits Blaise Pascal im 17. Jahrhundert keine irdischen Wetten mehr abschließen wollen. So fehlt dem Unbehausten der Moderne offensichtlich Hegels Mut zur dialektischen Selbstreflexion. Und das hängt nicht nur mit seinem natürlichen Widerwillen gegen eine spekulative Onto-Theologie zusammen, die Gott in alles hineinlegt, was der Mensch auslegen kann, sondern vor allem mit einer tief empfundenen *Angst* vor der Religion selbst. Sie wird zu einem besessenen Moment seines Denkens, wie der amerikanische Philosoph Thomas Nagel aus eigener Anschauung, allerdings mit lustvollem Tremolo in der Stimme, belegt:

> »Wenn ich von der Furcht vor der Religion spreche, meine ich nicht die völlig vernünftige Abneigung gegen bestimmte etablierte Religionen und religiöse Einrichtungen, die sich auf deren fragwürdige moralische Lehren, gesellschaftspolitische Maßnahmen und politische Einflußnahme richtet. Ebensowenig beziehe ich mich auf die Verbindung vieler religiöser Überzeugungen mit abergläubischen Einstellungen und der Bejahung offensichtlich falscher empirischer Behauptungen. Ich spreche hier von etwas viel Tieferem, nämlich von der Angst vor der Religion selbst. Dabei rede ich aus Erfahrung, denn ich selbst bin dieser Angst in hohem Maße ausgesetzt: Ich will, daß der Atheismus wahr ist, und es bereitet mir Unbehagen, daß einige der intelligentesten und am besten unterrichteten Menschen, die ich kenne, im religiösen Sinne gläubig sind.«[5]

§ 4 Angsttreiberei

Nagels Angst vor der Religion ist nicht untypisch für den modernen Bewohner der Welt. Denn aller Souveränitätsinszenierung zum Trotz steht der Unbehauste in der Frage nach dem Absoluten nur ungeschützt, quasi mit heruntergelassenen Hosen da. Tief in sich verspürt er offensichtlich ein Ungenügen, das eigentümlich quer zu seiner positivistischen Außendarstellung steht. Denn sein Wille allein vermag keine Berge mehr zu versetzen. Das Gerechte, das Gute und das Glück driften in seiner Welt auseinander, und häufig kann er, wenn überhaupt, nur situativ kitten, was die nächste Vernunftbewegung wieder unendlich trennt. Doch anstatt innezuhalten, macht der Unbehauste seiner Natur entsprechend weiter: Er kann nicht aus seiner Haut. Um der Angst des Scheiterns Herr zu werden, intensiviert er seine verzweifelten Bemühungen der Selbstrechtfertigung – nur um am Ende die Erfahrung machen zu müssen, dass er sich nicht weiter ausdehnt, sondern atomistisch schrumpft.

Allerdings wird das von dem Unbehausten nicht eingestanden; vielmehr tritt er nur noch schneller in die Pedale der Vernunft, um am höchsten Punkt seiner Wegstrecke zu sich selbst die Fäuste gen Himmel recken zu können. Was von der unglücklichen Freiheit dieses unbedingten Manselbst-sein-Wollens dann noch übrigbleibt? Offensichtlich nicht mehr als das, was man selbst nicht will. Und das nennt man dann »negative Freiheit« als Freiheit von etwas, was in der philosophisch-theologischen Tradition einmal schlicht als »Selbst-Verfehlung« galt.

Die reicht inzwischen so weit, dass selbst Philosophen

eine Welt mit Gottesangst irgendwie attraktiver finden können als eine Welt ohne Furcht. Sie erzeugen nämlich gerne eine Art von *Angststolz*, der in ihren Augen den Menschen daran hindern soll, einfach in Gottes Arme zurückzufallen. Ähnlich wie die Vernunft uns über die bloße Tierheit erhebt, soll diese Angst dazu dienen, uns über Gott zu halten. Deshalb muss der Mythos über seine Schreckensarmeen auch immer wieder erzählerisch gehegt und gepflegt werden. Den Unbehausten muss man sich wahrhaftig als verzweifelten Menschen vorstellen.[6]

Doch dieser Angststolz treibt die Angst erst so richtig in das Bewusstsein des Heimatlosen. Man muss nicht extra an Hegels Denken geschult worden sein, um den *Backlash* bzw. die dahinterliegende Dialektik verstehen zu können: Keine Souveränität kann auf Dauer von Angst leben, ohne von ihr aufgefressen zu werden. Sie lässt jede Vernunft verstummen. Nirgendwo ist diese Angst vor der Religion deshalb größer als in den Versuchen, sich selbst unabhängig zu machen. Die Vernunft verallgemeinert zwar unendlich, doch kann sie die endliche Schuld des Einzelnen nicht überspringen. Diese Schuld ist es, die uns in Ketten legt, uns radikal vereinzelt. Doch für diese Dialektik hat der Unbehauste gar keinen Begriff mehr. Er will lieber von der schönen Freiheit reden. Seine Angst bleibt daher unbestimmt, und deshalb kann auch das Namenlose der verlorenen Unschuld vollständig Besitz von ihm ergreifen.

Sichtbar wird diese Angst nur im Rücklicht der unbedingten Gottesabwehr: Gerade das totale Streben nach Dominanz und Autonomie hat in seinem monströsen Aufgetriebensein etwas Amorphes, Unfertiges an sich. Es überdehnt im Zweifelsfall die Maskerade des Unbehausten, nur um sich ja nicht die eigene Ohnmacht eingestehen zu müssen. Dafür müssen aber auch alle möglichen Erfolgsregister gezogen werden.

Diese »Angst vor der Religion selbst« (Nagel) setzt der Unbehauste in griffige Titel um; und die lärmende Tagespublizistik tut ihr Übriges, um die Vernunft*ecclesia* auf die Bestsellerlisten zu bringen. Hier finden sich illustre Autoren mit lebensphilosophischen Ratschlägen für den Umgang mit der Religion; allesamt umgibt sie die Aura der ›Unbeugsamkeit‹, die durch ihre Geistesgegenwart allein Gott in die Knie zu zwingen vermögen. Sie stellen sich uns als die wahren Souveräne ihres Selbst vor, die sich nicht in kindlichem Kleinmut hinter ihren projektierten Sehnsüchten verstecken müssen. Sie denken, und das genügt: *Ego cogito, ergo sum.*

Diese Art des zur Schau gestellten Heldenmuts besitzt natürlich großen erzählerischen Charme, denn wer fühlt sich dabei nicht an den Held des Unglaubens aus Albert Camus' Roman *Die Pest* erinnert, an jenen Dr. Rieux, der mit durchgedrücktem Rücken und unbeeindruckt gegen metaphysische Unbill jeder Art einfach das Richtige tut? Der jeden Stein, den die Götter ihm in den Weg legen, ohne viel Aufhebens beiseiterollt; und der angesichts des sinnlosen Leidens um ihn herum eine Grandezza aus Mut und Anstand bewahrt, die doch sehr viel tröstender erscheint als jeglicher Himmelsbeistand. Wer wollte nicht so sein wie Dr. Rieux? Gewiss ist dies eine rhetorische Frage, doch auch hierfür gibt es ein Mantra der Vernunftlegionäre für uns Sterbliche: Um so zu werden, wie wir sind, nämlich von Natur aus radikale Gewinner,[7] muss jeder »sein Leben ändern« (Peter Sloterdijk). Insofern enthalten ihre Vorschläge viel Ablehnendes: Es gilt, dem »Gotteswahn« zu trotzen, den »Bann zu brechen«, der vom göttlichen Hirten ausgelegten Vergiftungsspur nicht zu folgen.[8] Nimmt man sich diese Ratschläge zu Herzen, so die Verheißung, werden wir alsbald schon Zutritt in die beste aller möglichen Welten erhalten. Voraussetzung dafür ist allerdings die strikte Bekenntnistreue zu einem Prinzip der »zivilisierten Verachtung«, an der wir uns untereinander als Gleichgesinnte erkennen und die Religion für ihre vermeintlichen Kränkungen zu missachten lernen. Denn der Typus des gemeinen Unbehausten will sich nicht länger von religiösen Ressentiments absorbieren lassen; vielmehr reicht es jetzt für ihn aus – ganz protestantisch, ganz asketisch –, den »Forderungen des Tages« (Max Weber) zu genügen. Und diese Forderungen sehen in der Sache der Religion ziemlich düster aus, wie die Strategen der »gezielten Verachtung« unverblümt kundtun:

> »Das Prinzip der zivilisierten Verachtung kann uns dabei helfen, die Streitpunkte zwischen den Konfessionen und dem säkularen Liberalismus zu identifizieren und präzise zu fassen. Meine Grundthese ist, dass wir mit dem hier entwickelten Instrumentarium genauer feststellen können, wann eine religiöse Position der zivilisierten Achtung würdig ist [...]. Ich definiere zivilisierte Verachtung als eine Haltung, aus der heraus Menschen Glaubenssätze, Verhaltensweisen und Wertsetzungen verachten dürfen oder gar sollen, wenn sie diese aus substanziellen Gründen für irrational, unmoralisch, inkohärent oder unmenschlich halten. *Zivilisiert* ist diese Verachtung unter zwei Bedingungen: Sie muss erstens

auf Argumenten beruhen, die zeigen, dass derjenige, der sie vorbringt, sich ernsthaft darum bemüht hat, den aktuellen Wissensstand in relevanten Diskussionen zu reflektieren; dies ist das Prinzip der verantwortlichen Meinungsbildung. Zweitens muss sie sich gegen Meinungen, Glaubensinhalte oder Werte richten und nicht gegen die Menschen, die sie vertreten. Deren Würde und grundlegenden Rechte müssen stets gewahrt bleiben und dürfen ihnen unter keinen Umständen abgesprochen werden. Zivilisierte Verachtung ist die Fähigkeit, zu verachten, ohne zu hassen oder zu dehumanisieren. Dies ist das Gebot der Menschlichkeit.«[9]

So sieht also für den modernen Unbehausten das post-religiöse Reich der Zukunft aus: Das wird eine laizistische Gesellschaft, die ihre Religionsfreiheit mit schlechtem Gewissen vergällt. Was an Recht nicht genommen werden kann, soll hier wenigstens moralisch noch genommen werden dürfen. Zu diesem Zweck wird die Religion wie eine Naturwissenschaft behandelt und ihre metaphysischen Aussagen in die positivistische Welt der Erklärung übersetzt. An die Stelle des Hermeneutikers tritt phänotypisch der Buchhalter, der im Zahlenstrom der Jahrhunderte das historische Unrecht der Kirchen und Religionen zu einem gewaltigen Bilanzierungssoll aufrechnet. Unbestechlich zitiert er dabei aus den vorliegenden Vernehmungsprotokollen: Bruno: verbrannt; Galilei: genötigt; Spinoza: exkommuniziert; Descartes: vielleicht doch vergiftet; Rushdie: verfolgt; Theo van Gogh: erschossen; Karikaturen: verboten; Frauen: gedemütigt; Freiheit: bedroht; Demokratie: geopfert; Gott: gewalttätig.

Angesichts dieser Anklage gibt es für den Unbehausten offensichtlich nur noch eins, es nämlich den Gläubigern mit gleicher Münze heimzuzahlen. Denn wer auf etwas vertraut, das innerlich so korrupt und zerfressen ist wie die Religion, darf mit persönlicher Schonung durch ihn fortan nicht mehr rechnen: Eine schöne neue Welt rottet sich da zusammen: Recht bleibt, Anerkennung schwindet, Zivilisierung beginnt. Der Unbehauste tritt hier wie ein imperialistischer Missionar des Empire aus der Feder des Kolonialdichters Rudyard Kipling auf, der durch die Landnahme »des weißen Mannes Bürde« übernimmt, um seiner Bestimmung gemäß die Welt gegen vielerlei Glaubensvorbehalte zu einem besseren Ort zu machen. Dafür muss er allerdings einen wahren Bildersturm entfesseln, um alle Ikonen des Goldenen Kalbs zu zerstören. So heißt es in seinem Gedicht von 1895 an einer entscheidenden Stelle:

> »Nimm auf des weißen Mannes Bürde – / Empfang' den alten Lohn / Von denen, die du hegtest: / Beschimpfungen und Hohn – / Den Schrei der trägen Menge, / die du zum Licht geführt: / ›Was nahmt ihr uns die Fesseln? Ägypten uns gebührt!‹«[10]

§ 5 Der neidische Fuchs, die sauren Trauben

Ich kann nur wenig an die Friedfertigkeit einer Gesellschaft glauben, die sich dem Prinzip einer solchen zivilen Verachtung verschrieben hat. Dagegen sprechen nicht nur pragmatische Gründe: Warum soll man genau das verachten, was von Rechts wegen Bestand hat? Sicherlich ist es mein gutes Recht, eine Meinung oder eine Argumentation nicht zu teilen, sie zu bestreiten, sie sogar unter fairen Rahmenbedingungen energisch zu bekämpfen. Doch allein schon das Eingeständnis der eigenen Irrtumsanfälligkeit mahnt uns zur Vorsicht gegenüber absoluten Verdammungsurteilen. Denn anders als der Unbehauste nahelegt, funktioniert die schlichte Trennung zwischen Argument und Person zur Vermeidung von zivilen Kollateralschäden wenn überhaupt, dann nur unter den sterilen Laborbedingungen des Gedankenexperiments. In der realen Situation bliebe jedoch die Demütigung weiter bestehen, auch wenn man sich in seiner Verachtung nur auf die fremde vorgetragene Meinung konzentrierte.

Gerade in existenziellen ethischen Konfliktsituationen tauschen wir uns nämlich nicht über objektive Sachverhalte in der Welt aus, sondern wir sprechen über das, was uns unbedingt angeht. Wir versuchen uns in dem verständlich zu machen, was uns wichtig und wertvoll erscheint. In diesen Konstellationen gibt es keinen Zusammenprall von Fakten, sondern eine Kollision von »starken Wertungen« (Charles Taylor). Rechtlich gesehen muss solche Kritik gewiss ausgehalten werden; doch eine in unsere kommunikativen Habitate langsam einsickernde Verachtung würde unsere Kultur des Miteinanders vergiften und ein zwischenmenschliches *Darknet* ausbilden, dessen Ressentiments jederzeit mobilisierbar wären.[11]

Noch aufschlussreicher für die Entschlüsselung der religionskritischen DNA des Unbehausten ist aber die Art und Weise seiner Selbstinszenierung. Denn sie verrät uns, dass die scheinbar vornehme Haltung der Distanznahme eben nicht nur objektive Gründe hat, sondern ebenso auf handfeste Motive verweist, die in der Person des Heimatlosen selbst liegen. Denn die angebliche Zivilität einer solchen Verachtung ist ja vor allem dem Überdruss einer tugendhaften *Political-Correctness*-Kultur geschuldet, die zu durchbrechen der Unbehauste nicht nur dem rechten Establishment überlassen möchte. Doch darin zeigt sich wieder diese eigentümliche Hyper-Erregbarkeit, auch die lauernde Hochmut des Heimatlosen, der überall dort, wo er Gefahr wittert, mit ganzer Wucht loszuschlagen bereit ist, weil er sich in seiner Existenz immer und überall auf dieser Welt bedroht sieht.

Allerdings schießt er in seinem Alarmismus immer wieder über das Ziel hinaus, weil seine Urteile und Handlungen stets die Doppellast aus Kritik und moralischer Selbstvergewisserung tragen müssen. Existieren ist ihm daher nur kompensatorisch möglich: Der Unbehauste weiß letztlich doch in seinem tiefsten Innern, dass er sich selbst einer spirituellen Niederlage verdankt. Und das Bewusstsein der Randständigkeit hat er so tief verinnerlicht, dass er sich und anderen metaphysisch so gar nichts mehr zutrauen will. Deshalb rührt auch sein heldenhaftes Standhalten gegenüber der bleibenden Versuchung »Religion«.

Doch gesteht er sich das selbst nicht ein. Vielmehr ist er stolz auf seine Aufsteiger-Mentalität, und das wiederum begünstigt das Auftauchen jenes plebejischen »Ressentiment-Moralismus«, den Friedrich Nietzsche und Max Weber mit ihrem Gespür für eindrucksvolle Formulierungen (aber leider auch unter Zuhilfenahme von antisemitischen Stereotypen) zu beträchtlicher Bekanntheit verholfen haben. Die Niederlagen werden einfach zu Siegen umgefälscht, Herkunft in Heros verwandelt, andere Welten erfunden, in denen Vernunft über Gott triumphiert und Verachtung als neue Tugend der Zivilgesellschaft gilt.

Der positivistische Siegeszug ist demnach einzig und allein den prekären metaphysischen Sozialisationsbedingungen geschuldet, die der Unbehauste hier auf Erden vorfindet. Und in dieser Rückprojektion wird der eigentliche Grund der Treibjagd, des »Religions-Bashings« sichtbar: *Zivilisierte* Verachtung ist die Erfindung derjenigen, die sich ihre *neidische* Verachtung letztlich nicht eingestehen wollen. Der Heimatlose gleicht hier nämlich dem Fuchs aus Äsops Fabel, der jene Trauben verschmäht, die er selbst nicht erreichen kann, und sich bei seinem Scheitern eine Strategie der Rationalisierung zurechtlegt, die ihn ohne (inneren) Gesichtsverlust abtreten lässt, ohne dass er sein Urteil revidieren müsste: »Der Fuchs biss die Zähne zusammen, rümpfte die Nase und meinte hochmütig: ›Sie sind mir noch nicht reif genug, ich mag keine sauren Trauben.‹ Mit erhobenem Haupt stolzierte er in den Wald zurück.«

§ 6 Gegen das Geläufige

Fabeln indes schreiben keine Geschichte. Sie taugen nicht zur mythischen Überhöhung. Doch in ihrer modellhaften Reduktion bringen sie oft die verborgenen Mechanismen des Ressentiments zum Vorschein. Auch darin liegt ihre spezifische Leistung als Literaturgattung. In diesem Fall ist es nämlich die Lüge, die der Fuchs in die Welt absetzt, nur um seine Behauptung nicht in Frage stellen zu müssen. Schließlich sind die Trauben reif und zum Verzehr bestimmt. Doch er schafft in voller Sachkenntnis über die tatsächlichen Verhältnisse lieber »alternative Fakten«, als sein eigenes Scheitern einzugestehen. Und da der Fuchs als jemand gilt, der viele Sachen weiß, schenkt man ihm bereitwillig Glauben.

Diese äsopische Fabel will ich im Folgenden weiterentwickeln. In meiner Version geht sie nämlich der Beantwortung der Gretchenfrage nach, warum eigentlich die Geschichte des Fuchses *nicht* überprüft wird, da selbst der Hungrigste unter uns die offensichtliche Unwahrheit erkennen würde, falls er nur eine Traube gekostet hätte. Insofern leiten die Motive dieser Fabel meine Alternativ-Erzählung an, die ganz bewusst den Muff aus den Heldensagen des Unbehausten herausklopfen will. Denn seit Jahrhunderten bläut er uns im Verbund mit seinen zahlreichen Wiedergängern immer wieder dieselbe Erfolgsstory ein, dass nämlich auch der Mensch der Zukunft religionslos sei.

Bildgewaltig und mit Gespür für die sichere Pointe zeichnet er dabei die bekannten Etappen des Passionsweges nach: Den aufrechten Gang einübend, wandelt der Unbehauste gleichsam auf Zehenspitzen über die Kraterlandschaften und Schlachtfelder der geplatzten und zu Grabe getragenen Illusionen, den Blick sowohl versonnen nach oben, auf den bestirnten Himmel, als auch ehrfürchtig nach innen, auf das moralische Gesetz, gerichtet. Fast an jedem verwitterten Grabstein der alten Metaphysik macht er mit seiner Vernunftmaske Halt und preist uns, seinen Kindern im Geiste, die süße Frucht der Freiheit an. Einmal auf Erden gebracht, lässt sich die Freiheit nämlich nicht mehr zurückdrängen; sie überlistet quasi die Schwerkraft des Wunschdenkens, wenn es darum gehen soll, den Menschen in seiner zeitlos-liberalen Eleganz zu betrachten.

Einer solchen Identität der Dinge ungerührt ins Auge zu blicken, erfordert somit Mut – und auch so etwas wie eine kalte Unbestechlichkeit. Denn in der Welt des Unbehausten ist die Sachlage klar: Entweder nimmt man den auf der Vernunft liegenden Segen entgegen – oder aber man spielt den Abtrünnigen bis zum tödlichen Finale. Etwas Drittes gibt es nicht. Dabei inszeniert er sich als charismatischen Aufhalter des drohenden apokalyptischen Feuersturms, der sich schützend zwischen der rechten Ordnung und dem fundamentalistischen Terror zu schieben weiß.

Ich halte diese Selbststilisierung des Unbehausten auch mit Blick auf Äsops Fabel für eine füchsische, für eine schlaue Art, mit der Wahrheit umzugehen; sie will uns lediglich *glauben* machen, dass sich in der Moderne keine rationale Alternative für diese Einstellung finden lässt. Doch auch seine Geschichte ist nur menschengemacht. Sie fällt nicht vom Himmel, sondern sie ist irdischer Herkunft. Und diese Genealogie beginnt, wie anfangs ausgeführt, mit einer vernichtenden spirituellen Niederlage. Wer aber die Geschichte des Unbehausten so beginnen lässt, muss auch dessen weitere Entwicklung kritisch sehen.

Ich bin mir bewusst, dass eine solche andere Erzählung der Moderne im Vergleich zu den narrativen Freiheitsorgien deutlich zurückhaltender ausfallen muss. Ihre darstellerischen Mittel sind eher rückwärtsgewandt und der Vergangenheit verpflichtet; zudem scheint der konservative Grundton ganz aus der Zeit gefallen zu sein. In der Summe gesehen ergeben sich also wenig ermutigende Voraussetzungen für eine möglichst breite Akzeptanz. Trotzdem ist es wichtig, nicht die ganze Wahrheit dem Unbehausten zu lassen. Denn wie sind die Trauben eigentlich? In der

Weiterbearbeitung der äsopischen Fabel durch Gotthold Ephraim Lessing gönnt dieser sich einen gemeinen Seitenhieb:

> »Das hörte ein Sperling und sprach: Sauer sollte diese Traube sein? Darnach sieht sie mir doch nicht aus! Er flog hin, und kostete, und fand sie ungemein süße, und rief hundert näschiche Brüder herbei ... Sie kosteten alle, und in wenig Augenblicken ward die Traube so zugerichtet, daß nie ein Fuchs darnach sprang.«

Lessing nimmt hier vor allem den Star-Dichter der Empfindsamkeit, Friedrich Gottlieb Klopstock, kritisch ins Visier. Er attestiert ihm, dass »die schreiende Bewunderung seiner Nachahmer« nur dem eigenen Können »geschadet« habe. Eine Autonomie, die sich all ihrer Fallstricke entledigt, um sich beliebt zu machen, bringt sich auch um den Geheimnischarakter ihrer Gabe. Aura materialisiert sich nämlich nie. Und welcher Fuchs wollte schon noch nach einem toten Ding schnappen?

§7 Der größte »MacGuffin« aller Zeiten

Es wurde bisher einiger Aufwand für die Zeichnung eines Porträts des Unbehausten betrieben, um seine Persönlichkeit hinter den Argumenten deutlicher hervortreten zu lassen. Denn während sich seine Gründe längst verselbständigt und eine Schneise des Erfolges in die moderne Welt geschlagen haben, ist die hinter dieser Landnahme stehende Gestalt in den bisherigen Debatten kaum greifbar geworden. Dieser Zug, unsichtbar zu werden, ist natürlich günstig, denn als heimatloses Wesen bewohnt der Unbehauste nur noch die spirituelle Welt, die sich über die empirische wie eine zweite Welt aufspannt und die über alle Ländergrenzen hinweg ein eigenes neutrales Koordinatensystem der Vernunft etabliert. Dieses Gitter schiebt sich als eine Art doppelter Boden über die dampfenden, wimmelnden Kulturen aus Sitten, Konventionen, Traditionen und Gebräuche, um den Artisten der Wirklichkeit auf diesem glitschigen Untergrund ethisch lebendiger Wertüberzeugungen Halt zu geben.

Freilich reicht die Ansammlung der guten Gründe nicht aus, um den seltsamen Religionshass des Unbehausten zu erklären. Vielmehr müssen wir seine Motive verstehen, die ihn zu dieser *Beziehungstat* an Gott verleitet haben. Denn so lautet meine These: Die Religionskritik des Unbehausten ist immer auch persönlich motiviert und Ausdruck einer umfänglichen Selbst-Ikonisierung, die in ihrem Exklusivanspruch keine anderen Götter neben sich selbst duldet. Wie sonst könnte man auch den Kleinmut erklären, mit dem der metaphysisch Ausgestoßene auf die (zum Teil eingebildete) Bedrohung durch die Religion reagiert? Oder seine hysterische Empfindsamkeit in allen Glaubensbelangen? Oder den fast religiösen Verfolgungseifer in der Aufdeckung von (vermeintlichen) Konterrevolutionären? Hier lässt er erstaunlicherweise jede Souveränität vermissen. Er fühlt sich meist sofort gedemütigt, wenn seine Prophezeiung, Religion werde durch die Natur der Vernunft restlos absorbiert, bereits durch einen kurzen Blick auf die Realität in Frage gestellt wird. Es kann einfach nicht sein, was nicht sein soll. Alles andere wäre ein Sakrileg.

Insofern können wir die Wiederkehr der Religion mit einiger Berechtigung als *vierte* Kränkung auf der von Freud gezeichneten Magna Charta der narzisstischen Störungen verzeichnen. Die Ironie dabei ist, dass der Unbehauste damit aber selbst auf der Liste der zu behandelnden Störfälle auftaucht. Er entspricht nicht mehr dem feurigen Bild des Welten umstürzenden Rebells, sondern er gleicht phänotypisch einem Griesgrämigen bzw. Ewiggestrigen, der weiß, dass sich der Lauf der Dinge gegen ihn richtet.

Die Sehnsucht nach klaren Einteilungen in Gut und Böse ist auch in anderen Ländern nicht wenig ausgeprägt. Einen Bestseller schrieb der amerikanische Politikwissenschaftler Mark Lilla. Sein Buch über den *Totgeglaubten Gott* (*The Stillborn God. Religion, Politics, and the Modern West*, 2007; dt. 2013) inszeniert er als einzige Parade des guten Gewissens. Das Gelobte Land ist hier das Kanaan der Vernunft, das Fortschritt für alle verspricht. Und wer dieses Land betreten und zu seiner Heimat machen möchte, der muss hinter sich gleich mit dem Bau der großen Mauer beginnen, die das Reich der Religion von dem der säkularen Politik endgültig trennt. Für alle Neuankömmlinge ist klar, dass das zivilisierte Leben nur im Westen der Mauer gedeihen kann; es schmiegt sich wie ein Schattengewächs eng an die Seitenwände der Vernunftzitadelle – geschützt von den hoch aufragenden politischen Institutionen der demokratischen Republik. Lilla benützt dafür die schöne Metapher von der »großen Trennung«, die den inwendigen Heroismus der menschlichen Selbstbehauptung verdeutlichen soll. In seinen Augen hat nämlich der Humanisierungsschub des politischen Denkens auf einen Schlag – gewissermaßen mit dem Betreten des Gelobten Landes – eingesetzt, so dass erstmalig

»politische Fragen aus dem Joch des göttlichen Bundes befreit und isoliert betrachtet werden konnten. Anders gesagt: Politik wurde eine eigene Disziplin, die eigene Forschungsarbeiten erforderte und die dem von vorn herein begrenzten Zweck diente, für jenen Frieden und Überfluss zu sorgen, welche die menschliche Würde brauchte. Das war die große Trennung. [...] Das christliche politische Denken, das auf einer ganz bestimmten Vorstellung eines göttlichen Bundes beruhte, ging unter. Es wurde abgelöst durch eine neue Herangehensweise an die Politik, die sich allein auf menschliches Recht und menschliche Bedürfnisse gründete. Die große Trennung setzte ein. Westliche politische Philosophie wurde vom Nachdenken über Kosmologie und Theologie abgekoppelt. Und diese Trennung bleibt bis heute das eindeutigste Wesensmerkmal unserer modernen westlichen Zivilisation«.[12]

Spätestens seit Carl Schmitt weiß man aber, dass jeder Versuch, politisch in welcher Form auch immer heimisch zu werden, einer Legende bedarf. Zum Politischen gehört ein vorpolitisches Ethos, das der politischen Autorität erst Überzeugungskraft verleiht, denn andernfalls bliebe Politik eine Technik der bloßen Machtbeschaffung. Und so ersinnt auch Lilla eine Geschichte über einen ewigen Belagerungskampf im Sound von Winston Churchills berühmter Blut-, Schweiß- und Tränenrede an die britische Bevölkerung im Zweiten Weltkrieg. Diese Geschichte erzählt von der Normalität eines zivilen Lebens innerhalb der Mauern des Westens und von dem Ausnahmezustand dort draußen. Dort, in der Wüste, haben sich nämlich die Feinde der

Vernunftrepublik zusammengerottet, um sich nächtens Zutritt zu den Toren unserer Stadt zu verschaffen. Doch den Barbaren- und Götzenströmen, die gegen die Portale branden, gilt es mit nüchterner Klugheit entgegenzutreten.

Die assoziative Wucht dieser rhetorischen Bilder lässt gewiss kaum einen unberührt. Überall dort, wo Vernunft auf Glaube prallt, choreographiert Lilla das Geschehen als ewigen »Kampf des guten Prinzips mit dem bösen« (Kant): Die Welt verwandelt sich dabei in eine große Arena, auf deren Bühne die Mächte des Lichts und der Finsternis um die Herrschaft über den Menschen kämpfen. Und während die sendungsbewussten Gotteskrieger wie selbstverständlich das göttliche Gesetz auf Erden vorbereiten, muss sich der asketische Streiter der Moderne in diesem Kampf auf sich selbst verlassen und mit jenen kargen Ressourcen auskommen, die ihm allein die moralischen und rechtlichen Vernunftquellen der Republik noch zur Verfügung zu stellen in der Lage sind.

Lillas Geschichte ist allerdings nicht neu; sie variiert lediglich die klassischen Stereotype der modernen Heldensagen. Da gibt es den ausharrenden Vernunftkrieger, der seine zivile Sesshaftigkeit gegen die Übermacht heranbrausender Nomaden-Stämme zu verteidigen weiß – geformt nach dem Bilde seiner leibhaftigen Pflichtauffassung, die ihn und alle anderen Kämpfer auf die Wehrtürme ruft und ihren Dienst verrichten lässt. Und schließlich existiert noch die heilige Bande des Vernunftversprechens, das die Sesshaften bei Betreten des Gelobten Landes einander gegeben haben, nämlich der Religion enge Grenzen zu setzen und ihre Erlösungsphantasien unter Kontrolle halten zu wollen – mit nichts anderem als der eigenen Klarheit.

Doch diese Geschichte funktioniert nur deshalb, weil sie unter der Hand mit einem *MacGuffin* arbeitet. Was aber ist ein MacGuffin? Der Großmeister des Spannungsfilms persönlich, Alfred Hitchcock, hat diesen Begriff zur Kennzeichnung eines fiktiven Objekts verwandt, dessen einzige Funktion darin besteht, die Geschichte in Gang zu bringen bzw. in Gang zu halten.[13] Und da man diese Funktion nicht erklären, sondern selbst nur erzählen kann, liefert Hitchcock in einem Gespräch mit dem französischen Filmregisseur François Truffaut gleich die passende Geschichte mit dazu:

»›Es könnte ein schottischer Name sein aus einer Geschichte über zwei Männer, die Zug fahren. Der eine Mann fragt: ›Was ist das für ein Päckchen in der Gepäckablage?‹ ›Nun‹, sagt der andere Mann, ›das ist ein MacGuffin.‹ ›Was ist ein MacGuffin?‹ ›Ein MacGuffin ist eine Vorrichtung, um im schottischen Hochland Löwen zu fangen.‹ ›Aber im schottischen Hochland gibt es doch gar keine Löwen.‹ ›Nun, dann ist es eben auch kein MacGuffin.‹ Sehen Sie, ein MacGuffin ist gar nichts.‹«

Ein MacGuffin funktioniert also nur dann, wenn er nicht genau definiert wird. Und noch mehr: Er löst die Handlung zwar aus, muss aber selbst unsichtbar bleiben, damit die Identifikation der Zuhörer mit der erzählten Situation gelingen kann. In der von Lilla präsentierten Version steht der MacGuffin für die monströse Angst des Menschen vor religiöser Unterwerfung. Sie hält jede Geschichte über die Moderne in Spannung, denn nichts ist langweiliger als ein Ende, dessen gefahrloser Sieg schon vorher feststeht. Doch diese Angst wird bei Lilla, ähnlich wie bei Nagel, niemals konkretisiert. Vielmehr bleibt sie ein schwarzes Loch, ein Ereignishorizont, wo alle sichtbaren Informationen verschwinden. Nur indirekt, also über die Art und Weise der von Lilla erzählten Vernunftgeschichte, lassen sich bestimmte Mosaiksteine zu einem mehr oder weniger einheitlichen Religionsbild zusammensetzen.

Ganz offensichtlich ist Lilla nämlich der Auffassung, dass in dem Falle, wenn man alle Tore öffnen würde, die Neutralität der Institutionen als Erstes fallen würde: Gewaltenteilung wäre dann überflüssig, weil man sich ja bereits im Besitz der Wahrheit wähnte; Pluralismus käme unter diesen Bedingungen einer Erfindung des Teufels gleich; und in den Straßen und Häuserfluchten würden Eiferer im Licht der bzw. ihrer Offenbarung das Regime übernehmen und kurzen Prozess mit jenen Abtrünnigen machen, die sich ihrer Bekehrung widersetzten. Kurzum: Das Schreckgespenst einer Wiederkehr der Religion versetzt jeden Toleranzwächter wie mit einer Zeitmaschine in das Zeitalter der Konfessionskriege im 16. und 17. Jahrhundert. Und deshalb beginnt er seine Geschichte neu zu erzählen, allerdings mit einem Monster, einem neuen *Leviathan* in der Hauptrolle, dem metaphysischen Solitär.

Doch sind damit die religiösen Ambitionen der Gegenwart tatsächlich ausreichend beschrieben? Und vielleicht noch entscheidender: Sind diese Gottesängste wirklich berechtigt? Vieles wirkt doch eher um der weltlichen Pointe willen formuliert. Doch der spezifische Alarmismus wirkt allzu aufgesetzt. Daher ist es wohl an der Zeit, sich unbefangen von solchen Vorstellungen einmal selbst ein Bild von dem zu machen, was in den Feuilletons des

Westens so als »Rückkehr der Religion« herumgeistert. Denn dieses Bild ist in der Tat schnell bei der Hand, doch begünstigt es ebenso – ähnlich wie bei Kipp-Figuren – spontane Wahrnehmungswechsel, die irgendwo zwischen freudiger Erwartung und blankem Entsetzen anzusiedeln sind. Erst in der genaueren Sortierung der einzelnen Problemlagen lässt sich ein besseres Gespür dafür entwickeln, was an der allgemeinen Religionsangst Fakt und was Stimmung ist.

Soweit ich die Diskussion überblicke, lassen sich wenigstens vier Bedeutungsebenen voneinander unterscheiden, nämlich erstens eine politische, zweitens eine sozio-kulturelle, drittens eine soziologische und viertens schließlich eine moralphilosophische Ebene. Ich ordne sie phonetisch an, also von ganz »laut« zu ganz »leise«, und beginne mit der *politischen* Interpretation. Sie ist gewiss die vollmundigste Stimme im Chor der Zelebranten. Alle Religion gilt ihr grundsätzlich als »politisch«; sie steht einem Verliererkollektiv vor, das ihre religiöse Überlegenheit in Wahrheitsfragen infolge der durch die Erfindung des Buchdrucks im 15. Jahrhundert ausgelösten Wissensrevolutionen aufgeben musste. Abrahamitische Weltreligionen kompensieren diese Demütigung entweder dadurch, dass sie sich still an die neuen Gepflogenheiten anpassen, oder dadurch, dass sie eben ihre leer gewordene Weltanschauung durch Gewalt zusammenhalten. Einig ist sich die schlaue Vernunft jedenfalls darin, sich bloß keinen Infekt am Gegner holen zu wollen. Deshalb muss dieser umzingelt, eingezäunt und auf Abstand gehalten werden. Dies wäre also der normale Umgang mit der Religion. Ihre Mobilisierung ist daher tendenziell verdächtig, weil sie in eins gesetzt wird mit der

Etablierung von archaischen Verhaltensmustern, die zu Hass, Gewalt und Intoleranz aufstacheln.[14]

Die *sozio-kulturelle* Stimme moduliert dagegen schon moderater; denn sie schaut auf die Realität und beschreibt die empirischen Veränderungen in den gesellschaftlichen Milieus, die sich dadurch ergeben, dass halb Europa zu einem Einwanderungsland geworden ist, in denen vitalistische Einstellungen zur Religion auf ein müde gewordenes Christentum treffen.

Die *soziologische* These hingegen macht aus der religiösen Expansion eine Kipp- oder Inversionsfigur der Moderne: Religion kehrt deshalb wieder, weil sie nie verschwunden ist. Nicht säkularistische Hierarchien, sondern simultane Wirklichkeiten kennzeichnen demnach den Weg in die »multiple Moderne« (Shmuel N. Eisenstadt). Die Religion wird hier zu einem Vexierbild, unsichtbar und deutlich zugleich. Für die Kritiker mit ihren weltlichen Vorannahmen bleibt an Erkenntnis verschlossen, was der Soziologe wenigstens noch zu visualisieren im Stande ist:

> »Wir sollten Prozesse der Säkularisierung, der religiösen Transformationen und Erweckungen, sowie der Säkularisierung als fortlaufende, sich wechselseitig konstituierende, globale Prozesse statt als sich gegenseitig ausschließende Entwicklungen betrachten. [...] Die empfundene Bedrohung säkularer Identitäten und die unausgesprochene Überreaktion, jede staatliche Bezugnahme auf das Christentum auszuschließen, strafen die säkularistischen Behauptungen Lügen, dass nur säkulare Neutralität individuelle Freiheiten und kulturellen Pluralismus garantieren kann. Die Zerwürfnisse [...] scheinen

darauf hinzudeuten, dass säkularistische Annahmen Religion zu einem Problem machen und so die Möglichkeit ausschließen, mit religiösen Themen auf pragmatische und sensible Art und Weise umzugehen.«[15]

Am interessantesten ist jedoch die leiseste Stimme in diesem Chorgesang. Diese ist kaum hörbar im Affektgestöber etwa des Feuilletons, doch sendet sie in ihren *philosophischen* Frequenzen auf allen Kanälen. Sie zeichnet die Wiederkehr der Religion als eine normative Chance der Moderne aus: Im direkten Austausch mit der Vernunft kommuniziert sie »ein Bewusstsein von dem, was fehlt« (Jürgen Habermas). An die Vernunft geht daher der Auftrag, sich selbstkritisch zu überprüfen und notfalls zu Unrecht beanspruchte *Claims* zurück- bzw. aufzugeben. Das schließt z. B. die Erkenntnis mit ein, dass die notwendige Säkularisierung der Staatsgewalt eben nicht mit einer durchgängig säkularisierten Zivilgesellschaft gleichzusetzen ist. Freiheit entsteht eben nur in und aus dieser Differenz von Ethos und Recht. Sie ist mehr als nur das undeutbare, ungreifbare »Objekt klein a« (Jacques Lacan) des Rechtsstaates.

In dieser Sphäre des Vorpolitischen kommt es zu erstaunlichen Revisionen im Innenverhältnis zwischen Vernunft und Religion: War früher Metaphysikkritik nur als Vernunftkritik denkbar, so geht es jetzt um die Kritik einer Vernunft, die, will sie ihre moralischen Intuitionen retten, auf die arbeitsteilige Kooperation mit der Religion angewiesen bleibt. Kritik ist hier nicht mehr das formale Geschäft der Vernunft mit sich selbst, sondern wesentlich ein gemeinsames Arbeiten an Inhalten. Es überrascht daher nicht, dass der ambitionierteste Kritiker der Trennungsthese zu dem Schluss kommt, dass »Vernunft« allein über uns nicht mehr oder weniger aussagt als »Gott«; und dass wir deshalb weder dem einen noch dem anderen Begriff mit größerem Misstrauen begegnen sollten – denn von vornherein, *a priori*, gibt es keinen Grund, uns daran zu hindern, zu glauben, dass »wir nach dem Bilde Gottes geschaffen sind« oder dass wir »Gott für die beste Erklärung der moralischen Welt des Menschen halten« (Charles Taylor).

Ich halte fest: Die religiösen Denker-Virtuosen unter den modernen Zeitgenossen sind keine rückständigen Hinterwäldler, die nach der Macht des Grundgesetzes greifen und auf seinen übriggebliebenen Festen eine Theokratie errichten wollen. Sie treiben nicht Lockeaner, Kantianer und Utilitaristen vor sich her, um in einem zermürbenden Häuserkampf und mit Gottes Hilfe die Ungläubigen zu verjagen. Sie bauen die Parlamente nicht zu Kathedralen um. Ihre Straßen sind nicht von flanierenden Bürgern in Soutanen gesäumt; sie zählen Argumente, nicht die Konversionen. Das Wunder wird zwar erhofft, doch ersetzt es nicht die Medizin. Und schließlich wollen sie anscheinend ebenso wenig die Neutralität der Bildungs- und politischen Institutionen in reine Bekenntnisanstalten ummodeln.

Doch für all diese Zwischentöne hat der Unbehauste keinen Sinn und darf es auch letztlich gar nicht: Würden sie nämlich Sinn ergeben, müsste er eine andere Geschichte erzählen. Daran ist er jedoch nicht interessiert, weil er seine Biographie als Außenseiter, Held und Künstler entwirft und als solche erhalten will, der das, was er tut, auch auf eine besonders unbeugsame Weise zu tun verspricht. Das Führen einer randständigen Existenz ist nämlich nicht minder elitär gegründet, doch sie gewinnt keine Herzen. Deshalb muss auch der Ernstfall permanent imaginiert werden, denn die bloße intellektuelle Abgehobenheit lässt alles schal werden. Authentizität zeigt sich dagegen nur im Kampf mit finsteren Gegenmächten. Und dafür muss der größtmögliche Feind her, der für den Unbehausten denkbar ist: Und das ist die religiöse Inbrunst. Wenigstens sie verspricht eine Gegnerschaft von wahrhaft überirdischen Ausmaßen: Denn wie eine vielköpfige Hydra versucht sie, in die »leere Mitte« (Claude Lefort) des politischen Körpers vorzudringen. Da ihre Sprache der Erneuerung angeblich eine Sprache des Todes ist, lässt sie sich auch nicht so leicht besiegen oder unterwerfen; ihre Macht ist monströs – weil sie, pointiert formuliert, erst im Tod beginnt. Und vielleicht ist das ja auch der Grund, warum der Unbehauste so ein Faible für Mauern und Trennungen hat?

Entscheidend für das Überleben des Unbehausten ist also nicht sein diskursiver Argumentationsstil, sondern die Geschichte, die er mit diesem Stil zu verbinden weiß.[16] Der Mensch ist das erzählende Tier, ein *homo narrans*, der für seine Legitimität selbst schon immer sorgen musste. Deshalb neigt der Heimatlose zu Mythisierungen und Übertreibungen, um das reinigende, das kathartische Identifikationspotenzial mit seiner Geschichte zu erhöhen. Dabei lässt er sich von seinem gut ausgebildeten erzählerischen Instinkt leiten, der für die Größe der zu bewältigenden Herausforderungen dramatische Epen der Selbstbefreiung erfindet. Es ist sicherlich nicht zu weit hergeholt, in dem Unbehausten den ersten postfaktischen Meister der Stimmungsmache zu sehen. Er macht sich nicht mehr von dem abhängig, was doch nicht kommen wird. Godot kann warten (Samuel Beckett). Doch in dieser Selbst-Fetischisierung bleibt die negative Fixierung auf Religion erhalten. Insofern gelingt auch der erzählerische Ausstieg nie vollständig; sie zwingt der Geschichte des Unbehausten das Gesetz der ewigen Wiederholung auf – und das verbreitet natürlich Angst und Schrecken: die Geburtsstunde des größten *MacGuffins* aller Zeiten.

II. Schwarzmänner

§ 8 · Dostojewskis Gesetz

Das verlassene Universum wird jedoch nicht nur von der Angst des Unbehausten beherrscht. Es existieren auch Gegenkräfte, die den Kosmos an Ort und Stelle belassen wollen. Sprechen wir also von der Angst des Heimatlosen, dürfen wir von der Angst der Sesshaften und der Platzhalter nicht schweigen. Sie verteidigen mit allen ihnen zur Verfügung stehenden Machtmitteln die bedrohte Ordnung in der Mitte des Universums – bereit, gegen jeden loszuschlagen, der die Welt aus den Angeln heben möchte. Die ganze Schwerkraft aus Tradition und Sitte wird dabei aufgeboten, um im Namen Gottes alles an seinem Platz zu lassen. Derjenige, der diese Ordnung in Frage stellt wie der moderne Exzentriker, wird mit allen Mitteln bekämpft.

Die militante Rhetorik an dieser Stelle ist dabei durchaus berechtigt: Denn während der Heimatlose das Terrain freiwillig, aus Einsicht, räumt, geht es den Sesshaften um die verbissene Verteidigung besetzter Gebiete bzw. um deren kriegerische Rückeroberung. Und so diametral entgegengesetzt die Bewegungsrichtungen sind, so diametral entgegengesetzt sind auch ihre Motive: Während der Unbehauste die Angst davor hat, seine Autonomie wieder zu verlieren, so ist die Angst des Platzhalters, Gottes Gnade zu verwirken. Seine Sprache ist eine Sprache der Tradition und des Gehorsams. Exzentrische Ausflüchte kennt er nicht. Anders als der unbehauste Solitär aus Freuds Krankengeschichte, dem es darum geht, Stärke zu zeigen und Recht zu haben, lebt der Sesshafte aus dem Eingeständnis seiner Schwäche. Die Kompromisslosigkeit, mit der der Heimatlose mit der Schöpfungsordnung bricht, weckt bei ihm Schuldgefühle. Denn aus seiner Sicht überschreitet der Unbehauste nicht irgendein Gesetz, sondern ein *Tabu*.

Doch dieser Tabubruch führt in den Augen des Platzhalters geradewegs in das Nichts. Und genau aus diesem Grund beginnt er sich zu ängstigen, denn er sieht gerade in der Teilhabe an Tabus einen Garanten der moralischen Kultur: »Abgesehen vom nackten physischen Zwang ist Schuld alles, was die Menschheit besitzt, um ihren Mitgliedern Verhaltensregeln aufzuerlegen, und alles, was sie besitzt, um diesen Regeln die Form moralischer Gebote zu verleihen.« (Leszek Kolakowski) Ohne Tabus erscheint der Mensch wie ausgewechselt: Indem das Ganze verschwindet, bleibt letztlich auch kein Teil mehr von ihm. Deshalb muss er sich immer wieder neu erfinden oder modern gesprochen: sich selbst als guten Menschen wählen (so etwa die Lösung von Denis Diderot und Albert Camus), um wenigstens irgendetwas zu *haben*, das an die Stelle der Gottes-Erwählung treten kann.

Doch in einer solch durchlässigen Welt ohne Grenzen hat keine moralische Entscheidung mehr Bestand, weist nichts auf, das man zum Ende hin nicht doch mit Gründen aufheben oder relativieren könnte, gerade weil alles, was ist, wählbar geworden ist. Ist nämlich der irrationale »Sprung« (Kierkegaard) der Entscheidung in den Anfang gesetzt, muss jedes Ende offen bleiben, denn nichts kann mehr durch Argumente verlässlich versiegelt werden. Aus der absoluten Grundlosigkeit des Anfangs führt kein Grund je heraus. Deshalb weist bereits die Frage, *warum* jemand überhaupt moralisch handeln soll, über alle Grenzen des moralisch Sagbaren hinaus, ja, sie ist selbst schon per se unmoralisch, wenn man nicht die Sprache des bloßen Interesses, des Interesses an Markt und Macht, vergötzen will: »Man kann nicht Gründe hören wollen dafür, daß man auf Gründe hören soll.« (Robert Spaemann)

In eine solche Welt ohne Grund, aber mit vielen Gründen, will der Sesshafte aber partout nicht weichen. Sie ist eine Welt, die nur von schönen Seelen bevölkert wird und in der das Böse banal geworden ist. Schuld, dieses tiefe Gefühl, eine heilige Ordnung von Tabus verletzt zu haben, schafft sich ab; an ihre Stelle tritt eine mehr oder weniger ausgeprägte Light-Version des schlechten Gewissens, das dann aufkommt, wenn die vielen zufällig ausgewählten Gründe irgendwie nicht zwingend sein sollten.

Was in dieser Hinsicht von der Pflicht noch übrig bleibt, wird von den Adolf Eichmännern dieser Welt verwaltet: Denn so mutig und kraftvoll, so rational und verantwortungsbewusst, wie uns der Unbehauste glauben machen will, muss man in seiner Welt offenbar nicht sein. Selbst die Pflicht passt sich dort ihren Taten an; es gibt nämlich keinen einzigen Grund mehr, der kategorisch auszuschließen vermag, sondern es existiert nur noch eine Vielzahl von Gründen, die sich so lange rechtfertigen lassen, bis keiner mehr schuldig ist. Alles wird menschlich: Und damit verschwindet auch alles Monströse menschengemachten Tuns aus dieser Welt – und zwar per Gesetzestautologie: »Befehl ist Befehl« und »Reue etwas für kleine Kinder«.[17]

In dieser sachlichen Welt der Unholde scheint alles Mögliche und Machbare durch. Denn das Motiv ihres Tuns reicht nicht weiter hinab als der zufällige Grund, der für das Motiv in die Bresche springt. Und wenn die Gründe wechseln, dann wechseln auch die Unterscheidungen. Die tugendhafte Welt gerät dadurch aus den Fugen, weil *das*, was zählt, nur einmal zählt, denn beim nächsten Mal kann schon wieder etwas anderes zählen. Doch derjenige, der sich schuldig fühlt, zählt gar nicht; in ihm steht das Räderwerk des Verrechnens still, weil in ihm das Gute nicht morgen schon für das Böse gilt. Denn das allein drückt der Glaubensschild der Sesshaften aus: »Wenn es keinen Gott gibt, dann ist alles erlaubt.« (Fjodor M. Dostojewski).[18]

Und das bedeutet in letzter Konsequenz eben *nicht*, dass wir überhaupt einer transzendenten Autorität bedürfen, um zu gesellschaftlichen Regeln zu kommen. So unselbständig denkt der Platzhalter nicht. Er weiß vielmehr, dass jedes Zusammenleben einer sozialen Regulierung bedarf. Es ist keine Gesellschaft denkbar, die alles erlaubt. Auf deren vermeintliche Sittlichkeit ist also die Autorität Gottes nicht unmittelbar gemünzt. Was vielmehr der Jünger Dostojewskis befürchtet, ist, dass in einer Welt ohne (christlichen) Gott moralische Handlungen, die heute ausgezeichnet werden, morgen bereits verboten sein könnten. Die nihilistische Permissivität, das Zulassen von allem warum auch immer, zeigt nicht Anarchie, sondern eine schleichende Enttabuisierung von Gut und Böse an: Es gibt keine existenzielle Schuld mehr, weil es keine Überzeugungen gibt, die es wert wären, ihnen treu zu bleiben. So halten sich schließlich auch die materialistischen Revolutionäre bei Dostojewski an die Devise: »Keiner ist schuldig«.

Ein solcher Gottesgehorsam ist freilich nicht von dieser Welt. Denn kein Endliches vermag den Sesshaften absolut zu binden. Die Geltung von Tabus kann er daher nur als äußere Macht erfahren. Die alte Frage Platons in seinem Dialog *Euthyphron*, ob das Gute ob seiner eigenen, intrinsischen Qualitäten von den Göttern gewollt werde oder dieses Gute erst durch den Willen Gottes in die Welt komme, wird von dem Sesshaften unmissverständlich zu Gunsten der Machtoption Gottes entschieden. Denn des Sesshaften Loyalität kennt keine Zweifel. Er will, dass sie allein im Zusammenhang mit seinem geoffenbarten Wort verstanden wird. Der Gehorsam und nicht die Wahl bringt erst Gewissheit in die moralischen Angelegenheiten des Sesshaften.

Diese Unterwerfung unter seinen Willen verbürgt die existenzielle Bedingung der Möglichkeit einer »guten« Ordnung. Demgegenüber entlässt die schiere Möglichkeit der Wahl in den Augen des metaphysischen Platzhalters die Welt nur in die moralische Indifferenz, weil der Abgrund zwischen den einzelnen Argumenten und ihrer Anerkennung letzten Endes nur durch einen wie auch immer gearteten willkürlichen »Sprung« in die Welt der Gründe überwunden werden kann. Aber erst der Fügsamkeitsglaube vermag den irrationalen Schleier um das Geheimnis von Gut und Böse anzuheben. Im Namen Gottes kann dieser nämlich nicht nur an sich gebotene moralische Handlungen zurückweisen (denken wir nur an umstrittene Themen wie Abtreibung, Sterbehilfe und Stammzellenforschung), sondern im Glauben an Gott lassen sich auch

Handlungen, die eigentlich moralisch verboten sind, religiös legitimieren.

Als vorbildlich gilt daher dem Sesshaften der absolute Glaubensgehorsam eines Abraham, der allein im Vertrauen auf das geoffenbarte Wort Gottes hin nach Morija zog, um seinen einzigen Sohn Isaak in den dortigen Bergen zu opfern. Die Holzscheite für das Brandopfer lud Abraham dabei seinem ahnungslosen Sohn selbst auf den Rücken. An der Opferstätte angekommen, fesselte er Isaak und streckte schon die Hand nach dem Messer aus, als ein Engel des Herrn einschritt und ihn von seiner Tat abhielt: »Streck deine Hand nicht gegen den Knaben aus, und tu ihm nichts zuleide! Denn jetzt weiß ich, daß du Gott fürchtest; du hast mir deinen Sohn nicht vorenthalten.« (Gen 22,1–19) An der Stelle von Isaak wurde dann ein Widder, der sich »zufällig« mit seinen Hörnern im Gebüsch verfangen hatte, von Abraham als Brandopfer dargebracht.

Diese Geschichte hat exemplarische Strahlkraft, weil ihre Deutung wie ein Riss durch das Kontinuum des Universums geht und Vernunft und Glaube endgültig voneinander trennt. An der Person Abrahams scheiden sich nämlich die (modernen) Geister: Entweder ist man für ihn oder gegen ihn. Und genau an dieser Grenze lassen die Heerführer beider Lager, der Unbehauste und der Sesshafte, ihre Angst-Bataillone aufmarschieren, um in ihren Schreckensposen die jeweils andere Seite einzuschüchtern. Das Erschreckende an dieser Konfrontation liegt darin, dass es sich hierbei nicht um einen kalten Krieg, sondern um eine heiße Eskalation handelt. Keine Seite will so sein bzw. so werden wie die andere. Aus diesem Grund dreht jede Seite auch beständig an der Radikalisierungs- und Empörungsschraube. Rhetorik und Gewalt gehen dabei unheilvolle Koalitionen ein, um in den Feuern apokalyptischer Weltuntergangsszenarien die Reihen diesseits und jenseits der Grenze zu schließen, und um Handlungswillen zu demonstrieren.

Ein Ausweg aus dieser oppositionellen Situation ist auf den ersten Blick nur schwer vorstellbar. Dafür sitzt das gegenseitige Misstrauen zu tief, stehen sich hier doch Lebensentwürfe gegenüber, die einander fundamental ablehnen: Während der Unbehauste Angst davor hat, wie Abraham zu werden, hat der Sesshafte Angst davor, dem Vorbild Abrahams nicht zu genügen. Und wenn man die Moderne überhaupt auf einen einheitlichen Begriff bringen wollte, dann ist es vielleicht diese Abraham-Verdrossenheit, die sich ihrer bemächtigt hat und die Fanatiker auf beiden Seiten hervorbringt.

Und so bleibt alles in einem Zustand der gegenseitigen Verachtung: Die Anti-Abrahamiten und Vernunftgläubigen wollen einem Gott nicht folgen, der allein um des Gehorsams willen seinem Propheten einen Mord befiehlt. Und sie wollen ebenso wenig Abraham dafür bewundern müssen, dass er sich widerstandslos zur Tötung seines Sohnes anstiften lässt. Nach weltlichen Maßstäben hatte Abraham natürlich gar kein Recht dazu; hätte er sich selbst geopfert, wäre er wenigstens ein tragischer Held gewesen. Doch die Opferung eines anderen, zumal seines einzigen Sohnes, ist eigentlich unverzeihlich. Hier muss die Vernunft eingreifen, weil nur sie ihre Sinne beisammen hat und erkennt, dass kein Gott auf Erden so etwas Unmoralisches wie die Tötung eines unschuldigen Kindes von uns verlangen darf. Eine solche Forderung würde die Weltordnung auf den Kopf stellen. Und uns bliebe in der Tat nichts anderes übrig, als Dostojewskis Iwan Karamasow in seinem Beispiel zu folgen und das »Entrebillet« in Gottes Reich wieder zurückzugeben, weil wir wissen, dass das große Glück der Menschheit auf den Schultern eines einzigen Kindes ruht. Keine allgemeine Rechtfertigung des Leidens ist auch nur eine einzelne seiner Tränen wert.

Aus der Perspektive dieser Kritik gesehen wäre es also vor allem die Pflicht Abrahams gegen sich selbst gewesen, den göttlichen Befehl zu hinterfragen und nicht einen Kadavergehorsam an den Tag zu legen. Er hätte sich von Gottes Stimme abwenden müssen, »um das Urteil des eigenen Gewissens zu erwägen und die Stimme der eigenen Vernunft zu hören« (Iris Murdoch). Doch Abraham ist in dieser Version leider kein Held der Vernunft, sondern ein Soldat des Glaubens. Errungenschaften einer rationalen Ethik ignoriert er. Allein sein Wort und sein Wille zählen, denn nichts fürchten die Glaubensjünger Abrahams mehr als die Erkenntnis, dass sie jemanden in gleicher Weise wie Gott lieben und daher nicht mehr zu allem bereit sein könnten. Doch diesen fanatischen Loyalitätskonflikt in ihrem Inneren können die Glaubensritter nicht gewinnen, und zwar einfach deshalb nicht, weil sie nicht wissen, wer da überhaupt zu ihnen spricht. In seinem einflussreichen Aufsatz *Streit der Fakultäten* stellt Kant daher für alle nachfolgenden Vernunftgenerationen unmissverständlich klar, dass ein solcher Glaube nichts zu befehlen hat, wenn seine Autorität gegen moralische Grundsätze verstößt:

> »Zum Beispiel kann die Mythe von dem Opfer dienen, das Abraham auf göttlichen Befehl durch Abschlachtung und Verbrennung seines einzigen Sohnes [...] bringen

> wollte. Abraham hätte auf diese vermeinte göttliche Stimme antworten müssen: ›Daß ich meinen Sohn nicht tödten solle, ist ganz gewiß; daß aber du, der du mir erscheinst, Gott sei, davon bin ich nicht gewiß und kann es auch nicht werden‹, wenn sie auch vom (sichtbaren) Himmel herabschallte.«[19]

Ohne Moral ist aller Glaube also eine Halluzination – nicht mehr als eine Täuschung, fast ein Nichts. Doch die Parteigänger Abrahams vernehmen in dieser Geschichte eine andere Botschaft, nämlich die, dass der Mensch nur dann gerettet werden kann, wenn gerade die Ethik *nicht* das letzte Wort besitzt. Kierkegaard spricht hier auch von einer »Suspension des Ethischen«, die in der Lage ist, die Pflichtroutinen der Moral zu verrücken bzw. außer Kraft zu setzen.

Inspiriert von dieser religiösen Ausnahmesituation erzählt deshalb der jüdische Rechtsgelehrte Alan M. Dershowitz den abrahamitischen Mythos von Grund auf neu. Die exzessive Gabe des Glaubens gilt ihm dabei als ein Gleichnis für die exemplarische Leidensfähigkeit des jüdischen Volks in der Menschheitsgeschichte. In dieser Perspektive wollte Gott mit seinem furchtbaren Ansinnen Abraham nicht überprüfen, sondern nur davor warnen, dass die Bündnistreue allein nicht vor menschengemachten Übeln schützen könne.

Und diese Warnung ist nicht in den Wind geschrieben; denn besonders während der Zeit des Holocausts lassen sich nach Dershowitz immer wieder Beispiele finden, wo die »Abrahams« des jüdischen Volks gezwungen waren, ihre »Isaaks« zu töten, um ihren Liebsten weitere Folterqualen zu ersparen. Abraham ist also deshalb gerechtfertigt, weil er den Bund mit Gott nicht aufgekündigt hat. Und seine Nachfahren sind ebenso gerechtfertigt, die es ihm – trotz der erlittenen Unbill – gleichtun. So berichtet Dershowitz von einer Begebenheit, die sich zur Zeit der deutschen Besatzung in Krakau abgespielt hat. Dort brachten sich nämlich

> »dreiundneunzig junge Mädchen – Schülerinnen am jüdischen Seminar in Krakau – um, als sie hörten, daß sie zu Prostituierten für deutsche Soldaten gemacht werden sollten. Bevor sie Gift nahmen, schrieben sie ein Gedicht, das die folgenden Zeilen enthielt: ›Den Tod fürchten wir nicht; wir suchen ihn. Im Leben haben wir unserem Gott gedient; jetzt werden wir ihn durch unseren Tod heiligen. [...] Wir haben die Prüfung bestanden, die Prüfung der Fesselung Isaaks‹«.[20]

Es mag sein, dass uns Abrahams Handeln heute nicht überzeugt; und die Vielfalt der widerstreitenden Interpretationen hat vermutlich wenig zur Klärung der eigentlichen Frage beigetragen, ob sein Tun im Letzten gerechtfertigt war. Doch in einem Punkt wenigstens zeigt dieser Mythos so etwas wie eine begriffliche Klärung an: Nicht jeder Fundamentalismus ist fanatisch. In einer moralisch pervertierten Welt vermag uns vielleicht nur noch das freiwillige (Selbst-)Opfer vor einer totalen Dehumanisierung bewahren. Aus diesem Grund allein ist es wichtig, die Welt an Abraham zu erinnern.

Das Geschäft der Aufklärung bestand nun aber über viele Jahrhunderte darin, diesen fundamentalistischen Glauben an Abraham kleinzuhalten. Denn Entscheidungen über Leben und Tod durften nicht mehr länger aus einer religiösen Bringschuld heraus gefällt werden, sondern mussten jeweils immer wieder neu einer autonomen Gesetzgebungsquelle zur Prüfung vorgelegt werden. Dieser Einzug der Vernunft in die verwaisten Opferhallen des Aberglaubens wurde von vielen als Beginn eines neuen Zeitalters bejubelt, welches den Menschen Frieden, Ordnung und Wohlstand versprach. Die philosophischen Architekten dieser neuen Vernunft – vornehmlich Hobbes, Spinoza und Kant – nahmen an den geoffenbarten Glaubensgewissheiten letztlich keinen Anteil mehr, weil sie politisch die religiösen Bürgerkriege, philosophisch den Wahrheitselitismus der Propheten und erkenntnistheoretisch den Wunderglauben ablehnten.

In all diesen Funktionen des Glaubens rückte nun nach und nach die *eine* Vernunft ein, welche die Vielzahl der religiösen Diskurse schleichend ablöste: Die Dämonen des Naturzustandes sollten durch das Vertragswesen einer primär selbsterhaltungsinteressierten Öffentlichkeit gebändigt werden; die neu konstruierte Prinzipiensprache der autonomen Vernunft schickte sich an, die Inhalte des religiösen Verkündigungsmodells flächendeckend und für jeden verständlich zu übersetzen; an den Zeichen und Wundern dieser Welt wurde sowieso lieber gezweifelt denn über sie gestaunt.

Man könnte nun meinen, dass dieser vermeintliche Siegeszug der Vernunft den Menschen ihre Angst vor einem entgötterten Universum genommen hätte. Doch auf viele der existenziellen Fragen fand die Aufklärung nach wie vor keine Antwort. Sie behalf sich dann damit, die drängenden Sinn-Fragen zu ethisieren und sie dem privaten Glaubenskonsum ihrer Bürger anzuvertrauen. Doch die öffentlichkeitswirksame Strategie der Neutralisierung und Entpolitisierung der menschlichen Freiheit ließ in der Folge den unvollendeten Charakter der Moderne nur noch stärker in das Bewusstsein rücken. Ihre »Dialektik« war also keine von außen kommende kulturpessimistische Erfindung, sondern ihr Entstehen lässt sich vielmehr an der immanenten Entwicklungsgeschichte der Moderne selbst aufzeigen. Das kann man negativ sehen (wie Horkheimer und Adorno) oder positiv wie Habermas, der in der prinzipiellen Unabschließbarkeit des weltlichen Freiheitsversprechens den Menschen ganz dialektisch zu sich selbst kommen lässt. Will nämlich die Moderne ihre Erfolgsstory fortschreiben, muss sie ein dynamisches, offenes Projekt bleiben. Alles andere wäre etwa für Habermas nur eine schlechte Vorwegnahme des Totalitären.

Das Missliche dieser Geschichte besteht nun freilich darin, dass sie anfällig für Gegenerzählungen ist. Ihre erzählerischen Lücken, seien sie aus Schwäche offenbar geworden oder einem Akt der vernünftigen Selbstbegrenzung geschuldet, macht sie anziehend für einen neuen Typus des »Großinquisitors«, der dem unbehausten Stürmer und Dränger die heilige Stirn bieten will. Denn er macht sich nun auf, die Erfolgsstory des modernen Rationalismus zu überprüfen – und überall dort, wo er ankommt, geht es ihm wie den drei Göttern aus Bertolt Brechts Drama *Der gute Mensch von Sezuan*, die auf der Suche nach dem einen alles rechtfertigenden guten Menschen nur auf heruntergekommene Städte, verschlossene Fensterläden und abweisende Menschen treffen. Aus diesem Déjà-vu-Erlebnis zieht der Gehorsamsfetischist eine eisige Konsequenz: Wenn das Leben über die Macht siegt, dann herrschen Chaos und Anarchie. Also muss man wieder der Macht zum Sieg verhelfen. Den aufzubringenden Gehorsam muss man dabei nicht verstehen, sondern ihn nur leisten.

Das Interessante – und zugleich Beunruhigende – an dieser Gestalt ist, dass hier dem metaphysischen Separatisten kein trauriger Glaubensritter entgegentritt (und schon gar nicht einer, der wie Don Quijote nur gegen Windmühlen ankämpft). Vielmehr forciert der Apologet der Macht den offensiven Schlagabtausch mit dem politischen Liberalismus unserer Tage, um sich als harter Streiter für die rechte Sache in Szene zu setzen. Dieser Vorwärtsdrang, gepaart mit einem charismatischen Sendungsbewusstsein, ist dabei einer intimen Kenntnis der inneren Widersprüchlichkeit der modernen Welt geschuldet. Insofern bleibt auch dieser Gottesapologet ein Kind der Aufklärung – und mutiert deshalb zu ihrem gefährlichster Gegner: Er ist der »schwarze Mann« der Emanzipation.

Diese aufgeklärten Schwarzmänner (zu ihnen wären die katholisch-konservativen Autoritätsphilosophen und dezidierten Kritiker der Französischen Revolution Joseph de Maistre, Louis-Gabriel-Ambroise de Bonald und Donoso Cortés zu zählen) sind die Architekten einer Politischen Theologie, die die freiheitlichen Errungenschaften des politischen Liberalismus rundweg ablehnen. Und ihre Anhänger des 20. Jahrhunderts wissen mit Carl Schmitt immerhin noch den bedeutendsten Staatsphilosophen der damaligen Zeit in ihren Reihen. Und Schmitt enttäuscht nicht. Für ihn ist alle Machtkritik Gotteskritik; und wer wie der Liberalismus das seinen Anhängern vergessen machen will, muss damit rechnen, von seinen Feinden vernichtet zu werden. Während der demokratische Rechtsstaat seine Souveränität gewaltenteilig zerstreut, geht es ihm um die Einrichtung einer Entscheidungsdiktatur, die um ihre geschichtstheologische Ausnahmestellung weiß. Geschickt spielt Schmitt dabei mit den evolutionären Ur-Ängsten des Menschen, nämlich von Feinden umzingelt zu sein und davon noch gar nichts zu wissen. Für ihn verschließt der Libertin hier die Augen vor der Realität: Der kennt zwar das »radikal Böse« (Kant) noch vom Hörensagen, doch existenziell ernst ist es ihm damit nicht, denn seine eigentliche Freiheit zum Guten ist untilgbar, so dass mit der jederzeit möglichen Gesinnungsrevolution zugleich auch alles Teuflische am und im Menschen ausgetrieben worden ist (wiederum Kant).

Demgegenüber macht Schmitts Politische Theologie die Feinde erst wirklich sichtbar. Diese Theologie gehört zur Verwirklichung der politischen Ordnung. Und die Legitimität für diese Feindbestimmung entnimmt Schmitt einer theologischen Anthropologie, die den Menschen als »sündhaft« und »böse« voraussetzt. Diese Wahrheit ist dabei selbst nicht verhandelbar, und der sündhafte Abfall des Menschen von Gott beginnt gerade dort, wo der Mensch diese geoffenbarte Wahrheit vergisst. Denn nur in der Feindschaft widersteht man Satan. Schmitt macht sich deshalb auch *nicht* den Satz Dostojewskis zu eigen, entsprechend dem *ohne* Gott alles erlaubt sei; gegen diese verspielte Form der Glaubensromantik verteidigt er vielmehr den existenziellen Ernst einer politisch-theologischen Wirklichkeit, die *mit* Gott nur noch die bedingungslose Gefolgschaft kennt. Der Gehorsam ist gesetzt, und nichts ist aus selbsttätigem Grund noch erlaubt. Jenseits von Autorität und Fügsamkeit beginnt die Erbsünde. Oder in den Worten des Schmitt-Interpreten Heinrich Meier: Die menschliche »Vermessenheit beginnt nicht dort, wo er glaubt, daß er alles machen könne, sondern da, wo er vergißt, daß es nichts gibt, was er aus eigenem Recht, außerhalb des Gehorsams, tun darf«.

Schmitts heilsgeschichtliche Spekulation auf die Allgegenwärtigkeit des Feindes provoziert jedoch keinen permanenten Angst-Überdruss. Sie geht ganz im Gegenteil mit der höheren Einsicht in die Kraft der Entscheidung einher. Sie ist reflexiv in dem Sinne, als sie über den Ernstfall der Feindsituation entscheidet. Glaube ist daher Macht zur Visualisierung bzw. zur »Offenbarung« des Gegners. Und diese Entscheidung zum Kampf selbst ist unhinterfragbar, weil aus ihr eben alles folgen soll. Der politische Wille, sich gegen den Feind zu stellen, ist also so etwas wie ein absolutes Recht jenseits des Rechts, wie es in dem berühmt-berüchtigten Anfangssatz von Schmitts *Politischer Theologie* heißt: »Souverän ist, wer über den Ausnahmezustand entscheidet.«

Die Aktivitäten der Schwarzmänner sind aber nicht nur auf die Visualisierung des Feindes beschränkt. Gegenwärtig macht noch ein anderes Angst-Gespenst die Runde, nämlich das der anthropologischen Gewaltverfallenheit des Menschen. Denker wie René Girard haben die Koordinaten der Moderne über die Konfliktachse der Nachahmung bzw. der Mimesis bestimmt. Da, wo Menschen zusammentreffen, imitieren sie das Begehren des Konkurrenten. Sie tun einander Gewalt an. Das ist für Girard die Geburtsstunde des Sündenbocks, der die Ordnungshervorbringung selbst allerdings nicht überlebt, weil sie in der Regel auf seine Kosten stattfindet. Spätestens mit der Passion Christi ist aber das politische Prinzip der Einung durch heilige Opferung völlig aus der Mode gekommen. Jesu *Auf*opferung versperrt dem *homo rationalis* die Flucht in die Täuschung. Sie zwingt ihn stattdessen, sich seiner Verantwortung zu stellen und das Leid und die Unschuld des Opfers anzuerkennen.

Doch mit der Wahrheit der Passion Christi verbindet Girard auch einen apokalyptischen Weltschmerz. Denn mit dem Wegfall des Opfers verändert sich die Mimesis der Gewalt: Sie wird endgültig menschlich und ihre ursprünglich auf einzelne Sündenböcke projizierte Gewalt universal. Ohne Opferzeichen unterliegt jeder Konflikt dem Gesetz der unbedingten Steigerung: Weltkriege, Genozide, ökologische Krisen, Terror und religiöser Fundamentalismus sind für Girard die untrüglichen Anzeichen einer am Abgrund stehenden Welt, die die Lösung ihrer Probleme im Heil der totalen Mobilmachung sucht.

Doch selbst in dieser post-christlichen Welt der Apokalypse scheint ein Schimmer der Hoffnung durch: Denn so sehr auch die von Jesus Christus denunzierte menschliche Gewalt sich gegen ihn wenden musste, und so sehr auch die Wahrheit des Christentums gegenwärtig auf eine Selbstzerstörung abzielt, unerbittliches Fatum ist die Apokalypse deshalb noch lange nicht. Aus der Sicht Girards vermag über die grassierende Angst in der Welt immer noch die Religion des Kreuzes zu triumphieren. Denn im Prinzip ist es die christliche Theologie, die die Welt im Äußersten zusammenhält. Sie allein ist imstande, die Gewalt der alltäglich neu aufflammenden Konflikte einzudämmen, weil sie für ihn »Moral und Wahrheit« zugleich ist. Diese furchteinflößende Macht einer christlichen Neustiftung der Welt verspricht die totale Kontrolle über jeden Konflikt, unabhängig davon, ob er ökonomischer, politischer oder kultureller Natur sei. Die geforderte Aufhaltung der Apokalypse erzwingt somit die universale Anerkennung der Passion Christi: Ihre Wahrheit hebelt zwar nicht die Mimesis aus, doch vermag sie nach Girard dem Begehren ein anderes Ziel einzupflanzen, nämlich das des bewussten Gewaltverzichts: »Die Regeln des Reiches Gottes sind in keinster Weise utopisch: *wenn Sie der mimetischen Rivalität ein Ende setzen wollen, überlassen Sie alles dem Rivalen.* Sie werden die Rivalität im Keim ersticken.«

§11 Wege durch Potemkinsche Dörfer

Das Pantheon der Moderne ist ein Potemkinsches Dorf: Nach Westen gerichtet bietet es seinen jubelnden Anhängern zwar einen prächtigen Anblick auf seine blank polierte neoliberale Fassade mit den lichtdurchfluteten Räumen und dem funktional ausgewogenen Innendesign im Stil der Neuen Sachlichkeit. Doch schaut man hinter die Kulissen, so ist in vielen Zimmern Baulärm und Geschrei zu vernehmen: Da werden Trennwände eingerissen und Mauern an anderer Stelle wieder aufgebaut. Unrat liegt in vielen Ecken; die Statik droht sich noch weiter zu verschieben, erste Risse im Fundament werden sichtbar. Und dafür verantwortlich sind jene Handwerker der Macht, die schon seit Jahrhunderten Revolutionen und Gegenrevolutionen anzetteln, also die Unbehausten und die Schwarzmänner.

Natürlich ist das zunächst einmal nur bildlich gemeint. Innerhalb der Fundamente der modernen Gründungsmythen spielt Angst jedoch immer eine wesentliche Rolle. Erinnert sei an den unbehausten Helden, der aus der Mitte des Universums herausgeschleudert wird und sich auf Wanderschaft begeben muss. Und wie alle Wanderschaften entpuppt sich auch diese als eine Reise zu sich selbst, die schließlich in der Vernunft endet. Sie öffnet erst den Blick des Unbehausten für das unendliche Reich der Freiheit und seine Gesetzesmöglichkeiten. Nachdem er von solchen Früchten der Autonomie einmal gekostet hat, schwört er sich, nie mehr unter Gottes Knute stehen zu wollen. Dieses Selbst-Versprechen ›macht‹ seine Identität. Und fortan wird eine Ordnung nur dann als politisch gerechtfertigt gelten können, wenn sie diese Identität auch in ihren Institutionen repräsentiert. Für den säkularen Inselbewohner ist daher die Wiederkehr der Religion ein Schock, ein Rückfall in finstere Zeiten, eine Kriegserklärung an die universale Vernunft. Und er zögert deshalb auch nicht, sogleich alle schrecklichen Naturzustandsvisionen wie die blutigen englischen Konfessionskriege aus dem 17. Jahrhundert tumultartig herbeizuzitieren, um einen Rückfall in Anarchie und Barbarei zu verhindern.

Diese *säkulare* Angst *vor* Gott ist sicherlich ein bestimmendes Motiv der Moderne. Doch zu ihr gehört ebenso auch die Logik der Schwarzmänner mit ihrer *heiligen* Angst *vor* Gott. Diese auf den ersten Blick etwas paradox anmutende Formulierung löst sich, wenn man die Entwicklung der Moderne nicht mehr nach den üblichen evolutionären Parametern modelliert, die den Tod Gottes als natürliches Ausgangsphänomen für die zukünftige liberale Freiheit nehmen. Ganz im Gegenteil wird heute der ideengeschichtliche Verlauf der Moderne mit einem ständig seinen Lauf ändernden, mäandernden Strom verglichen, der sich aus vielen spirituellen Quellen und Zuläufen speist und durch die eingeschlagenen Richtungsänderungen und »Wellen der Säkularisierung« (Hans Joas) in ständiger dialektischer Bewegung bleibt. Die Geschichte der Moderne endet also keinesfalls als ›totes Gewässer‹; sie ist nicht statisch auf die Beseitigung der Religion hin ausgerichtet. Vielmehr bleibt ihre Identität unabgeschlossen, hochkomplex und wesentlich dynamisch. Sie drückt einen permanenten Lernprozess aus Tradition und Reformation, aus Revolution und Gegenrevolution, aus Vernunft und Glaube aus.[21]

Deshalb stellt aber auch die heilige Angst vor Gott keinen Rückfall in eine graue Vorzeit dar. Vielmehr ist ihr Auftauchen eine fundamentale (nicht: fundamentalistische) Gegenreaktion auf Entwicklungen *innerhalb* der Moderne – und insofern ein spezifisch neuzeitliches Phänomen. Und das ist so aus mindestens zwei Gründen: Erstens haben Schwarzmänner wie Carl Schmitt stets darauf hingewiesen, dass die unbehauste Sprache des politischen Liberalismus metaphysisch unselbständig sei. Sie partizipiere nämlich an Bedeutungsgehalten, die ihr vorhergehen und deren Logik der autonome Held unweigerlich mit übernimmt. Wie eine Warnung stößt daher Schmitt die Worte in Richtung des Gegners aus, dass auch er etwas repräsentiert, was er verneint. Kein Unbehauster auf dieser Welt kann nämlich Religion und Metaphysik »dadurch entgehen«, dass er »darauf verzichtet, sich ihrer bewusst zu werden«. Jeder Akt der Verweltlichung sei daher schlicht Anmaßung, sei Prätention:

> »Viele Arten metaphysischer Haltung existieren heute in säkularisierter Gestalt. Für den modernen Menschen sind weithin an die Stelle Gottes andere, und zwar irdische Faktoren getreten: die Menschheit, die Nation, das Individuum, die geschichtliche Entwicklung oder auch das Leben als Leben seiner selbst wegen, in seiner ganzen Geistlosigkeit und bloßen Bewegung. Die Haltung hört dadurch nicht auf, metaphysisch zu sein. Das Denken und Empfinden jedes Menschen behält immer einen bestimmten metaphysischen Charakter [...]. Wohl aber kann das, was die Menschen als letzte, absolute Instanz betrachten, wechseln, und Gott kann durch irdische und diesseitige Faktoren ersetzt werden. Das nenne ich Säkularisierung [...].«[22]

Der vagabundierende Begriff der Verweltlichung ist daher für Schmitt selbst nur eine Art sprachlicher MacGuffin, und kein sonderlich überzeugender dazu. Denn dieser benennt nur um, was ihn im Letzten stützt. So wird aus der Allmacht Gottes die absolutistische Souveränität, aus dem Reich Gottes die Republik, aus dem Jüngsten Tag die Revolution. Er bringt also eine Geschichte in Gang, die sich selbst erzählend widerlegt: »Alle prägnanten Begriffe der modernen Staatslehre sind säkularisierte theologische Begriffe.« Und das bedeutet: »[n]icht nur ihrer historischen Entwicklung nach, weil sie aus der Theologie auf die Staatslehre übertragen wurden, [...] sondern auch in ihrer systematischen Struktur, deren Erkenntnis notwendig ist für eine soziologische Betrachtung dieser Begriffe.«

Zweitens sind Schwarzmänner wie Schmitt und Girard intellektuell deshalb so schillernd, weil sie ihre erbitterte Gegnerschaft zur säkularen Kultur nicht von einem blassen, unwirklichen Ort des metaphysischen Nirgendwo aus formulieren. Vielmehr stehen sie im Zentrum der Aufklärung selbst und kennen deshalb die Früchte nur zu gut, mit denen der Unbehauste seine Anhänger lockt. Stärker als andere nehmen sie auch die Widersprüche und die Tristesse in den seriellen Massenversprechungen des Liberalismus wahr, der weder auf die Nivellierung des politisch-moralischen Sinns noch auf die Konfliktnatur des Menschen eine Antwort findet. Dafür ist der moderne Bewohner dieser Welt dann schon zu sehr das geworden, was er ist. Ohne Angst ist wirklich alles erlaubt. Und im Umkehrschluss bedeutet das, dass wir uns vielleicht nur mit der Angst lebendig fühlen und über uns hinausgehen können: Während der Unbehauste Angst vor Gott hat, weil er seine Selbstbestimmung nicht aufgeben will, haben die Schwarzmänner Angst vor Gott, weil jeglicher Ungehorsam gegen den Höchsten die Welt an den Feind verfallen lässt.

§12 In Bilder verstrickt

Die ausufernden Debatten über das rechte Verhältnis zwischen Religion und Politik unter weltlichen Bedingungen werden also implizit von verstörenden Szenarien bestimmt. Das Pantheon der Moderne steckt voller Angst. Diese Angst aufzudecken (und sei es auch nur genealogisch), ist allerdings schwierig, denn sie ist eigentlich in der Welt nicht direkt anzutreffen. Anders als die Furcht etwa, die auf ein Objekt ›in‹ der Welt bezogen ist, geht es nämlich in dieser Angst um uns selbst. Wir bringen sie letztlich doch immer schon mit; sie ist eine Gestimmtheit unserer freiheitlichen Existenz. Mit anderen Worten: Der Kampf zwischen dem Unbehausten und den Schwarzmännern des Glaubens spielt sich nicht auf der Ebene der Fakten und Sachverhalte oder auf der Ebene von Personen und Gesichtern ab, sondern er kommt allein in den Sinnhorizonten zum Ausdruck, in den Sinnhorizonten, die wir stets mitproduzieren, wenn wir uns mit anderen über die Welt unterhalten. Der österreichische Philosoph Ludwig Wittgenstein hat dafür die schöne Metapher von der sprachlich-expressiven Gefangennahme des Menschen geprägt: »Ein Bild hielt uns gefangen. Und heraus konnten wir nicht, denn es lag in unsrer Sprache, und sie schien es uns nur unerbittlich zu wiederholen.« In gewisser Weise steht diese Metapher Wittgensteins sinnbildlich für die gesamte Entwicklung der Moderne. Ihre Erzählungen sind wesentlich zwischen zwei Bildern gefangen, die auch noch in ihren säkularisierten Varianten ihre Herkunft aus archetypischen Erzählformen der Vernunft und der Religion nicht verleugnen können. Sowohl die behauptete Rationalität der Aufklärung als auch deren vermeintliche Dialektik schüren ihre argumentativen Feuer aus jenem Sinn, dessen Anfang ohne Gott beginnt. Aus diesem Ursprungsmotiv heraus entwickeln sich erzählerische Parallelwelten, die in ihrem Muster kaum unterschiedlicher sein könnten, um die Erfahrungen und Bedrängnisse der modernen Subjektivität in eine für sie angemessene narrative Form zu bringen. Der Überlieferungsstrom an geteilten Erinnerungen verzweigt sich in der Moderne endgültig in zwei Richtungen: in eine Welt ohne Gott und in eine Welt mit Gott.

Diese Bilder von Befreiung und Ehrfurcht, von Selbstermächtigung und Transzendenz liegen unseren angeführten Gründen allerdings immer schon bedeutend voraus. Sie begründen gewissermaßen unsere Identität, weil wir uns erst mit ihrer Hilfe in der Welt sinnhaft zurechtfinden und uns über das verständigen können, was uns existenziell angeht oder erfüllt. Sie enthalten daher keine objektiv belastbaren *hard facts*, sondern sie müssen vielmehr als wertende Hintergrundüberzeugungen verstanden werden, die unsere moralischen Einstellungen zur Welt prägen. Ohne diese Bilder würde die Welt stumm, absurd oder ›resonanzlos‹ bleiben.[23] Doch solange diese Vorstellungen über das Gute und Schlechte, über das, was Sinn macht und was nicht, unreflektiert bleiben, sind sie auch alternativlos. Genau das meinte Wittgenstein, als er davon sprach, dass uns Bilder gefangen halten können.

Mit einiger Sicherheit haben nun die Geschichten über die wilden Unbehausten und die abrahamitischen Schwarzmänner auf das Selbstverständnis der modernen Identität einen erheblichen Einfluss ausgeübt. Denn je nachdem, welche Geschichte die moderne Identität von sich selbst erzählt, kommen unterschiedliche soziale Vorstellungsschemata zum Ausdruck, die den Sinn dessen festlegen, was als erstrebenswert oder als verabscheuungswürdig gilt. In einer *story*, in der es um Selbstbestimmung und Befreiung geht, muss sich das Gute nämlich anders entwickeln als in einer Erzählung, die den Wert der Selbstbegrenzung und des ehrfürchtigen Gehorsams in den Mittelpunkt stellt.

Diese unterschiedlichen Weisen des In-der-Welt-Seins prallen auch heute noch unvermittelt aufeinander, und zwar auch dann noch, wenn der ursprüngliche erzählerische Kontext inzwischen verblasst ist. Die Unbehausten und die Schwarzmänner haben sich aus den Anfängen ihrer Geschichte zurückgezogen und der Moderne ihre Erzählungen überlassen, mit denen wir Heutige uns identifizieren.

Der Kampf der von ihnen entfesselten Bilder hält indes weiterhin an. Frei vagabundierend überschreiten sie ihren philosophisch-kulturellen Entstehungshorizont und wandern in das Politische ein. Doch damit übertragen sie zugleich den Angst-Bazillus in die Medien der Öffentlichkeit. Dieser Bazillus vermag sich im politischen Körper rasend schnell zu verbreiten. Nach einer Absage an den Nationalstaat ist die Frage nach der Toleranz und ihren Grenzen in einer globalisierten Welt, die ihre Konflikte immer näher an uns heranbringt, in der Tat prekär geworden.

§ 13 Politische Angstdividenden heute

Im Folgenden möchte ich die Auswirkungen dieser »Bilderwelt« des Menschen auf die gegenwärtige politische Debattenlandschaft betrachten. Denn so sehr auch die These stimmen mag, dass sich die moderne Subjektivität nur erzählend in Form bringen kann, so problematisch ist ihre Ausdeutungsgeschichte inzwischen geworden. Denn sie legt nahe, dass es im »Kampf der Glaubensmächte« (Max Weber) um den schnellen Erfolg, um den vollständigen Triumph und nicht um gegenseitiges Verstehen und tiefes An-Vertrauen geht. Das moderne Individuum denkt eher in Wachstumsraten und Beschleunigungsdynamiken; es geht ihm darum, seine Angst dem anderen aufzuzwingen. Und in dieser rasenden Eskalationsbereitschaft sehen sich beide Lager mit dem schleichenden Gefühl der Befristung konfrontiert: Auf der Seite der Vernunft verfestigt sich der Eindruck, dass die Zeit langsam abläuft, während die Seite des Glaubens ihre Zeit für gekommen hält. Der Einfluss des Angst-Regimes ist also immer noch virulent, weil beide Ausdeutungen der Moderne, die immanente und die transzendente, ihren expressivistischen Identitätsmythen verpflichtet bleiben.

Es ist nun interessant zu sehen, wie in öffentlichen Diskursen diese Verwerfungen und Schematismen der Angst weiter reproduziert werden. Vordergründig geht es dabei nicht immer explizit um das Verhältnis zwischen Politik und Religion. Doch gerade in gesellschaftspolitischen Identitätsfragen – wie z. B. in der Verteidigung der Meinungsfreiheit, in der Frage nach der Abschaffung des Doppelpasses oder der Etablierung einer zivilen Leitkultur – werden machtvolle Argumente aufgerufen, deren Resonanzkraft bis weit in die Geschichten der Unbehausten und der Schwarzmänner zurückreicht. Sie spielen dabei auf untergründige Weise mit den archetypischen Angstbildern der Moderne, um im kurzlebigen demokratischen Meinungsdiskurs eine schnelle politische Dividende zu erzielen. Exemplarisch für diese Überlegungen sollen mir zwei Beispiele dienen, nämlich der Karikaturenstreit und die wieder neu aufgelegte Debatte über eine demokratische Leitkultur.

Die sogenannte »Mohammed-Krise« wurde 2005 durch eine national-konservative Tageszeitung in Dänemark ausgelöst. Diese hatte in ihrer Wochenendausgabe insgesamt zwölf Karikaturen veröffentlicht, die den Propheten als Wiedergänger Osama bin Ladens porträtierten. So war z. B. in einer Karikatur Mohammed als ein Mann mit einem Bombenturban abgebildet und in einer anderen als Türsteher zu sehen, der mit ausgestreckten Armen den Run der Selbstmordattentäter auf das Paradies mit dem Hinweis stoppte, dass die Jungfrauen ausgegangen seien. Wie nicht anders zu erwarten war, fielen diese Provokationen auf fruchtbaren Boden. Weltweit fühlten sich viele Muslime in ihrem Glauben verunglimpft; sie begehrten gegen das Bild auf, das die liberalen Gesellschaften von ihrer Religion zeichneten und sie in die rückständige Ecke mit bösem Blick, Bart und Krummsäbel stellte.

Gleichwohl hinderte selbst die Betroffenheit der eigenen muslimischen Staatsbürger die westlichen Medien nicht daran, die Karikaturen zumindest in Auszügen nachzudrucken. Begründet wurde dies mit der journalistischen Dokumentationspflicht und der Verteidigung der Meinungsfreiheit. Ein Hinweis auf die Kunstfreiheit spielte hingegen in diesen Debatten kaum eine Rolle, und das wohl aus guten Gründen, denn wer wollte schon die Bürde auf sich nehmen, den Begriff der Kunst im Einzelfall juristisch zu definieren? Mit der Verteidigung der Kunstfreiheit operierten deshalb eher die betroffenen Künstler: So machte Salman Rushdie in seiner Autobiographie für sich geltend, dass die *Satanischen Verse* eben deshalb nicht den Straftatbestand der Beleidigung erfüllen, weil es sich dabei ausschließlich um anspruchsvolle Literatur handelt (was nicht ausschließt, dass auch ›große‹ Literatur manchmal beleidigend sein kann, ja vielleicht sogar muss).[24]

Doch wie gesagt: Die Legitimitätsargumente des ›Westens‹ bezogen sich nicht so sehr auf das subjektive Selbstverständnis des Künstlers, sondern auf den unverhandelbaren Wert der Meinungsfreiheit in einer liberalen Demokratie. Aus gutem Grund wurde immer wieder vorgebracht, dass eine aufgeklärte Gesellschaft ohne Kritik und Satire nicht denkbar sei. Deshalb müssten ihre Ausdrucksformen von dem weltlichen Rechtsstaat auch besonders geschützt werden, und zwar gerade deshalb, weil er um der Freiheitlichkeit seiner Bürger willen auf eine eigene Wahrheit verzichte. Die Forderung nach religiöser Rücksichtnahme wäre daher ein falsches Signal, käme sie doch de facto einem Zensuraufruf gleich, der mit dem Recht auf informationelle Selbstbestimmung kollidiere.

Gegen diese Argumente ist nun so gut wie nichts einzuwenden. Im Gegenteil: Wer sich an die Fatwa gegen Salman Rushdie erinnert oder an die Ermordung des Filmemachers Theo van Gogh, der wird auf bestürzende Weise erkennen müssen, wie wichtig es geworden ist, in einer sich global verkleinernden Welt die Einflusssphären von Politik und Religion voneinander getrennt zu halten. Und doch möchte ich hier einen Einspruch vorbringen: Mir geht es um die so bedenkenlos vorgetragene Ansicht, dass das Recht auf Meinungsfreiheit in religiösen Angelegenheiten augenscheinlich alles aushebeln darf, während in säkularen Kontexten Beleidigung, Diffamierung und Herabsetzung nach wie vor geächtet bleiben. Doch ist es nicht gerade so, dass die Gläubigen durch eine Herabsetzung ihres Gottes stärker getroffen werden als durch eine persönliche Beleidigung?

Der Schriftsteller Martin Mosebach hat in einem brillanten Essay darüber nachgedacht, was es für die Grundlagen der Staatlichkeit eigentlich bedeutet, wenn die rechtliche Balance aus Schutz und Gehorsam verlorengeht, weil eine sendungsbewusstere Minorität im Lande als das Christentum die Schmähung seines Glaubens nicht mehr länger hinzunehmen bereit ist. Er fordert deshalb sogar die striktere Einhaltung des Blasphemie-Verbots, um den sozialen Frieden zu stabilisieren und den existenziellen Ernst der Kunst wiederherzustellen.[25]

Diese Polemik Mosebachs gegen einen rechthaberischen Liberalismus, dem nichts mehr heilig ist und der schon das Christentum zu einer indolenten Gemütsverfassung verurteilte, scheint mir jedoch noch zu sehr in den Kategorien des Rechts und der Strafbarkeit zu denken. Wäre es demgegenüber nicht viel angebrachter, auf die Entstehung eines Ethos hinzuwirken, der die Wahrung des öffentlichen Friedens nicht nur als Aufgabe der Exekutive ansieht? Denn in der Tat wird z. B. aus den liberalistischen Vorzeigeargumenten nicht klar, warum das Grundrecht auf Meinungsfreiheit überhaupt relativiert werden sollte, wenn aus Gründen des Taktes und der Rücksichtnahme auf das Äußerungsmandat in *bestimmten* Situationen *verzichtet* wird. Wie nämlich die Religionsfreiheit nicht nur die freie Religionsausübung, sondern auch die Freiheit von der Religion impliziert, so ist auch in der Meinungsfreiheit nicht der immanente *Rechtszwang* zur Äußerung enthalten. Seine Würde wahrt auch derjenige, der in gesellschaftspolitischen Debatten demonstrative Gesten der Überlegenheit *auslässt.* Das berührt sein Recht auf freie Meinungsäußerung keineswegs.

Damit will ich nicht die Selbstzensur durch die Hintertür liberaler Demokratien einführen. Vielmehr plädiere ich für eine Kultur der Gelassenheit, die den auf sturen Verteidigungsmodus geschalteten Rechtsliberalismus ethisch abfedern kann. Denn so sehr es auch stimmen mag, dass die Meinungsfreiheit ein Grundpfeiler der liberalen Demokratie ist, so bedeutet das keineswegs, dass in allen Sachverhalten, wo dieses Recht in Konflikt mit den Gefühlen von religiösen Minoritäten gerät, die säkularen Bürger automatisch zur Gefahrenabwehr gerufen werden müssten. Die liberale Identität würde gewiss keinen Schaden an ihrer Seele nehmen, wenn in bestimmten Problemkonstellationen ihre solidarische Anteilnahme an den kulturellen Fremdüberzeugungen weithin *sichtbar* bliebe. Denn hinter jedem verallgemeinerten anderen in der Rechtsordnung steht ein konkreter anderer.

Deshalb sollten die säkularen Apologeten bedenken, dass Freiheit nicht nur Meinung bedeutet. Sie bringt sich vielleicht in ihren schönsten Farben gerade dort zur Geltung, wo die Würde des Rechts – frei nach Friedrich Schiller – durch die Anmut des Verzichts ergänzt wird. Das setzt allerdings andere Tugenden voraus als schlichte Prinzipienkenntnis, nämlich Klugheit, Bildung, Urteilskraft, Empathie und Taktgefühl – und vor allem ein anderes Bild von Religion. Doch zeigt die jahrhundertealte Mär von einer angeblich todesaffinen Ideologie eben eine verheerende Langzeitwirkung auf die Vorstellungskraft der Meinungseliten – obwohl die hier gern zitierte »Aufklärung« bereits in ihren intellektuellen Blütezeiten deutlich differenzierter verfuhr: Denn ihr galt gerade nicht der Glaube an Gott als besonders problematisch, sondern ihre zum Teil vernichtende Kritik zielte vor allem auf die verlogene Frömmigkeit seiner *blasphemischen* Anhängerschaft ab. Der Gläubige glaube ohne Würde, so hieß es bei Voltaire zumindest: »Möge der große Gott, der mich hört, der Schöpfer aller Welten, Mitleid mit dieser Sekte von Christen haben, die Ihn lästern.« Voltaire war also nicht nur der einfache *prédicateur des concierges*, der Prediger der Hausmeister, wie ihn Charles Baudelaire einst abwertend etikettierte.[26]

Was wäre also daran schlimm, so ließe sich fragen, wenn man auf die Publikation von besonders widerwärtigen, der vulgären öffentlichen Provokationslust geschuldeten »Kunst«-Pamphlete freiwillig verzichtete? Drohte vielleicht der Untergang des Abendlandes? Solches angenommen, würde man doch die Bedeutung des säkularen Rechtsstaats gewaltig unterschätzen, die gerade von seinen Verteidigern immer wieder aufreizend genau ins Felde geführt wird. Wäre die Meinungsfreiheit in Gefahr? Wohl kaum, denn beim nächsten Mal könnte schon wieder zu Gunsten der Meinungsfreiheit entschieden werden, und die Gefühlslagen der Gläubigen müssten in diesem Fall zurückstehen. Würden wir uns unterwerfen? Wir würden dies nur dann tun, wenn wir aus *Angst* auf eine gesellschaftspolitische Auseinandersetzung mit der Religion verzichteten.[27]

Allerdings erklärt dieser Vorschlag nicht, warum er so wenig gedacht wird. Blickt man auf die gegenwärtige Debattenkultur, so gibt doch ein schriller Rationalismus die Tonlage der Argumente vor. Fast scheint es so, als ob der weltliche Vernunftstaat mit den Mächten der religiösen Finsternis wieder in einer Abwehrschlacht verwickelt sei – wie zu Zeiten der Glaubenskriege im 17. Jahrhundert. Angesichts der realen Geschichte der säkularen Moderne scheint dies jedoch allzu weit hergeholt. Deshalb bleibt die Frage bestehen, warum ausgerechnet eine solche kämpferische Inszenierung von Krieg und Frieden unter aufgeklärten Bedingungen heute immer noch so resonanzfähig, so erfolgreich ist und kaum Abnutzungsspuren zeigt.

Worin besteht also der fatale Drang, immer wieder den unbedingten Gegensatz zu suchen zwischen Vernunft und Glauben, so dass alles, was ihre Hemisphären berührt, sich augenblicklich in Fragen der existenziellen Entscheidung von Leben oder Tod, Sieg oder Niederlage, Freiheit oder Furcht verwandelt? Gibt das säkulare Verständnis einer friedlichen Koexistenz, nach der das Recht die Religion in Schach zu halten habe, tatsächlich eine so überzeugende Vorstellung von der modernen Zivilgesellschaft ab?

Eine implizite Antwort hierauf gibt der eingangs zitierte Wittgenstein: Er sprach von Bildern, die unser Denken gefangen halten. In diesen Bildern machen wir uns selbst verständlich, wer wir sind und was wir sein sollen. Wir geben uns eine Geschichte, um zu verstehen, warum wir so geworden sind, wie wir sind. Und in dieser Geschichte nimmt der Mythos des Unbehausten eine zentrale Rolle ein: Sein heldenhafter Freiheitskampf gegen die Mächte des Universums schreibt unserer Identität eine moralische Vorwärtsbewegung ein, die den religiösen Beharrungskräften diametral entgegensteht. Während er sich nämlich aufmacht, um das zu erobern, was noch nicht ist, aber zu werden verspricht, geht es bei seinen Gegenspielern, den Hohepriestern und Großinquisitoren der Macht, einzig und allein um die Verteidigung der göttlichen Ordnung auf Kosten der menschlichen Freiheit. In diese binäre Logik der säkularen Sprache sind wir Modernen noch immer verstrickt, weil alles, was wertvoll und verteidigungswürdig erscheint, in unserer Erinnerung gegen die spirituellen

Pfründe der Religion erkämpft worden ist: »Und heraus konnten wir nicht, denn es lag in unsrer Sprache, und sie schien es uns nur unerbittlich zu wiederholen.« (Wittgenstein)

Dass wir dieser säkularen Logik aber nicht unweigerlich zum Opfer fallen müssen, zeigt etwa die besonnene Entscheidung der *New York Times*, die Mohammed-Karikaturen des Satire-Magazins *Charlie Hebdo* eben nicht nachzudrucken, sondern nur zu beschreiben. Sofort hat sich in den Medien eine »Achse des Guten« formiert, die diese Entscheidung als »finale Bankrotterklärung gegenüber der terroristischen Gewalt« geißelte. Man war sich allenthalben darin einig, dass die Spaßgesellschaft in der Bedrohung ihrer Freiheit keinen Spaß verstehen und daher in der Wahl ihrer Mittel auch nicht zimperlich sein dürfe. Doch eben diese Logik befeuert auch den »Kampf der Kulturen« (Samuel Huntington), an deren Ende unsere Freiheit vielleicht keinen Wert mehr haben könnte, weil sie die Welt gespalten hat. Mit ihrer Entscheidung, Meinungsfreiheit nicht durch Schmähung aufzuhetzen und dadurch der geforderten Eskalationslogik zu trotzen, hat die Redaktion der *New York Times* ein mutiges, souveränes Zeichen gesetzt. Den Kohlhaas'schen Gerechtigkeitstrumpf für die moralisch empörte Welt hat sie nicht ausgespielt.

Die Geschichte der modernen Identität produziert aber auch noch andere Bilder. Ihre Entwicklung ist keine einsinnige Erfolgsstory, sondern vielmehr ein Prozess voller Widersprüche, Rückschläge und enttäuschter Hoffnungen. Auch sie müssen sich zu einem Sinn zusammenfügen lassen, damit ihre Geschichten im kulturellen Gedächtnis ankern können. Und hier findet sich der zweite große Erinnerungsstrom, aus dem sich die Erfahrungen der Moderne speisen. In den *dramatis personae* meiner Erzählung folgt daher auf den Unbehausten der Schwarzseher. Beide lassen auf der Bühne des Weltgeschehens ihre Wahrheits-Regimes aufeinanderprallen. Der Schwarzseher wird dabei zur übermächtigen Projektionsfigur all jener Sehnsüchte, die die Hybris des vogelwilden metaphysischen Solitärs nicht befriedigen konnte. Insofern ist auch er ein Held, ein moderner Anti-Held der unbequemen Wahrheit nämlich, der im Museum der Moderne seinen Platz neben dem Unbehausten beansprucht.

Interessant ist nun zu beobachten, wie auch diese Bilder im kulturellen Gedächtnis überlebt haben und im politischen Kampf um die Symbolisierung der Wirklichkeit einen hohen Wiedererkennungswert produzieren. Als Beispiel dient hier die von Thomas de Maizière 2017 angestoßene Debatte um eine »deutsche Leitkultur«, die er bezeichnenderweise unter dem Motto »Wir sind nicht Burka« gestellt hat.[28] Das Eingangsszenario ist dabei klar: Mit dem gesellschaftspolitischen Wandel von einem Gastarbeiter- zu einem Einwanderungs- und Flüchtlingsland ist die Integrationsperspektive offenbar eine andere geworden: Konnte man früher darauf vertrauen, dass die ›Ausländer‹ wieder gen Heimat zogen, so geht es jetzt darum, eine *bleibende*, vielerorts auch inhomogene Vielfalt in die Mysterien und Rituale einer zivilen Hochkultur einzuführen.

Diese holistische Wende in der Integrationspolitik will die liberal-permissiven Einstellungen des Rechtsstaats verstärkt zurückfahren (was sich exemplarisch an den CSU-Forderungen zur Abschaffung der doppelten Staatsbürgerschaft ablesen lässt) und durch ein zivilgesellschaftliches

Identitätskonzept zumindest ergänzt sehen. Ein solches Modell orientiert sich an einer starken Wertehierarchie, die gelingende Integration als eine Einübung in den guten Willen zur Zugehörigkeit versteht. Ohne grundlegende Anstrengungen, sich mit der Geschichte und der Kultur des neuen Landes zu befreunden, sie zu einem Teil der eigenen Identität werden zu lassen, werde »Integration wohl kaum gelingen«, so die Vermutung de Maizières. Wer teilt, der bleibt.

In diesem Sinne verteidigt de Maizière nun seinen Begriff der »Leitkultur«.[29] In ihm findet sich sattsam Bekanntes, etwa die Klage darüber, dass der Verfassungspatriotismus nicht ausreiche, um einem ›dichteren‹ Verständnis von deutscher Identität auf die Spur zu kommen. »Über Sprache, Verfassung und Achtung der Grundrechte hinaus gibt es etwas, was uns im Innersten zusammenhält, was uns ausmacht und was uns von anderen unterscheidet«. Nicht Rechtsregeln, sondern ungeschriebene Verhaltensregeln, soziale Sitten, ethisch-politische Traditionen und humanistische Wertekodizes lassen unsere demokratische Identität demnach ›pulsieren‹: Sie rollen den vibrierenden Lebensfaden ab, der die Staatsbürger in Freiheit, Toleranz und Respekt miteinander verbindet. Wir reichen unsere »Hand« und zeigen unser »Gesicht«; wir verteidigen die liberalistischen Traditionen des Westens und ächten Gewalt.

Hier ist nun nicht die Gelegenheit, de Maizières Forderungskatalog im Einzelnen politisch abzuarbeiten. Angesichts des wachsenden Gegendrucks von kulturell inhomogenen Milieu-Gruppierungen ist eine inhaltliche Neuausrichtung der Integrationsdebatte sicherlich wünschenswert. Doch interessiert hier mehr die Frage, warum die Suche nach dem, »was uns ausmacht«, die Räder des politischen Betriebs so schnell hat heiß laufen lassen. Und meine These lautet hier, dass die von de Maizière erarbeiteten Vorschläge in eine Hintergrundgeschichte eingebettet sind, deren intellektuelle Knotenpunkte tief in das kulturelle Gedächtnis der Gegenaufklärung hineinreichen. Dass die Idee der Leitkultur also so schnell zündet, ist dem virtuosen Spiel mit archetypischen Erinnerungsbildern geschuldet. Diese betonen den existenziellen Ausnahmezustand, der nur durch Entscheidung und Hierarchisierung in Ordnung gebracht werden kann.

Vordergründig geht es de Maizière um einen Beitrag zur Entwicklung von gesellschaftlichen Rahmenbedingungen für ein solidarisches Miteinander, doch der damit verbundene, unterliegende Sinn der Argumentation führt durch ältere Bedeutungsschichten, die ihren Ursprung im Politisch-Theologischen haben und durch identitäre Sprachbilder zusammengehalten werden. Denn wer im Besitz der Leitkultur ist, ist auch im Besitz der Definitionsmacht. Das Ende aller Relativierungen scheint damit gekommen. Denn der Autochthone, der Einheimische bestimmt jetzt den existenziellen Unterschied zwischen Freund und Feind, zwischen Normalfall und Ernstfall, zwischen dem, der bleiben darf, und demjenigen, der gehen muss. Souverän ist derjenige, der über eine solche Leitkultur verfügt: »Wer sich seiner Leitkultur sicher ist, ist stark.« Dieses Spiel *à deux mains* ist allerdings riskant, hält es doch die Angst vor einem gesellschaftlichen Naturzustand des *laissez-faire* wach, in den die sterbliche, post-migrantische Demokratie immer wieder zurückzufallen droht.

Vor diesem Hintergrund muss der Begriff der Leitkultur

unweigerlich eine existenzielle Klangfärbung annehmen. Sein Erzählstoff mündet ein in ein zivilreligiöses Erlösungsversprechen, in der die Entscheidung darüber, »wer wir sind und wer wir sein wollen«, den gesellschaftlichen Normalzustand definiert. Damit kommt es wieder vermehrt auf die Härte der Entscheidungen an, wenn der Zusammenhalt stabil bleiben soll. Zugehörigkeit und nicht Zustimmungsfähigkeit bildet daher das metaphysische Leitideal einer solchen Primärkultur. Sie zwingt den Einzelnen in die totale Trennung zwischen Herkunft und Zukunft. Und ohne öffentliche Bekenntnistreue, wie sie sich z. B. in der CSU-Forderung nach Abschaffung der doppelten Staatsbürgerschaft zeigt, tritt der Ernstfall der Feindsituation ein: Nur der Feind ordnet sich dem nicht unter, was als das »Unverhandelbare« der deutschen Identität erscheint. Mit Blick auf Carl Schmitt haben wir es hier also mit einer klassischen Umbuchungssituation zu tun, in der der appellative Mehrwert der Leitkultur-Semantik an zentrale theologische Autoritäts- und Fügsamkeitstopoi erinnert.

Dies wird besonders am Titel deutlich, den de Maizière seinem Gastbeitrag in der Zeitung vorangestellt hat: »Wir sind nicht Burka.« Was seiner politischen Logik nach noch als Ausdruck der weltanschaulichen Neutralität des Rechtsstaats durchgehen könnte, ist im kulturellen Gedächtnis jedoch bereits anders verankert: Wir sind deshalb »nicht Burka«, weil wir bereits »Papst sind«.[30] In diesem missionarischen Assoziationskontext verwandelt sich die ursprünglich genealogische Behauptung, dass Deutschland ein christlich geprägtes Land sei, in einen reaktionären Gesinnungstest für die richtige Religion. Während im kollektiven Erzählgut der Leitkultur das Christentum offensichtlich die Formatierungsvorlage für Freiheit und Demokratie abgibt, steht der Islam für die kulturelle Kontraevidenz, für den Feind, der am Rand lauert, in der Peripherie, für eine Eskalation bis zum Äußersten.

Diese schwarze Logik der Leitkultur-Semantik gilt es außer Kraft zu setzen. Insofern müssen verstärkt multiperspektivische Traditionen und Bilder der Aufklärung entwickelt, aber auch eine grundsätzlich andere Erinnerungskultur des Christentums gepflegt werden. Gerade die christliche Religion sollte sich in ihrem eigenen Interesse nicht auf eine Ideologie der bloßen Feindgewinnung und der apokalyptischen Entsorgung von Welt reduzieren lassen. Was allerdings die Hegemonie-Vorstellungen einer verbindlichen Zivilkultur anbelangt, ist auf Folgendes hinzuweisen: Die »schwarze« Logik der Identitätsfrage, die mit der »weißen«, dialektisch-aufhebenden Identitätslogik Hegels nichts im Sinn hat, geht von einer universellen Bedrohungslage aus. Doch mit einem veränderten Selbstverständnis lassen sich auch andere kulturelle Erzählungen bilden, die nicht durch Erfahrungen der Grenzziehung, sondern durch Erfahrungen der Grenzüberschreitung definiert sind.

Konkret gesprochen: Im politischen Streit um ein Burka-Verbot gehen die Argumente hin und her. Die eine Meinungspartei verteidigt das westliche Primat der Visualität (das mit der Unsichtbarkeitsdoktrin verschleierter muslimischer Frauen unvereinbar ist). Die andere hält mit dem zivilgesellschaftlichen Ethos der Toleranz dagegen. Diese Meinungsverschiedenheit ist offensichtlich nicht auflösbar, denn beide Seiten wurzeln nämlich in unterschiedlichen kulturellen Erzähltraditionen, die ihr ›angstkleines‹ Selbstverständnis entweder nach Maßgabe des Gemeinwohls oder nach der der Freiheit formatieren. Doch müsste man in einer emanzipierten, modernen Gesellschaft die Frage nach dem Burka-Verbot nicht allein danach entscheiden, wie wir – einem abgewandelten Adorno-Zitat nach – »*ohne Angst* verschieden sein können«?[31]

§ 14 Postfaktische Realitäten

Im kulturellen Erinnerungsstrom des Westens haben sich zwei Großerzählungen als besonders durchsetzungsfähig und innovativ erwiesen: die des Unbehausten und die der Schwarzmänner. Deren Mythen und Erinnerungen von Freiheit und Ordnung, von Möglichkeit und Notwendigkeit bilden die normative DNA im kollektiven Erzählgut der Moderne ab. Sie machen deutlich, dass die Frage, welche Traditionen weiterhin Bestand haben sollen, von der Art der Geschichte abhängig ist, die der Unbehauste und die Schwarzmänner zu erzählen haben. Denn in diesen Geschichten erschafft sich der *homo narrans* ein Alter Ego, das nach dem Bilde seines eigenen ethischen Selbstverständnisses geformt ist.

In beiden Fällen bildet die Religion dafür den erzählerischen Ankerpunkt. Während der metaphysische Einzelgänger alles Heilige im Namen der Freiheit hinter sich lassen will, will der Schwarzseher im Namen der Ordnung sich der Autorität Gottes fügen. Beide Sichtweisen sind aber insofern negativistisch, als dass sie ihre jeweilige erzählerische Initialsituation mit der Angst vor Gott beginnen lassen, einer Angst, die in letzter Konsequenz entweder den Funktionsverlust der Freiheit oder den der Gnade narrativ aufarbeiten muss. Unbedingtes Selbstseinwollen steht hier gegen absolutes Nicht-Selbstseinwollen.

Der Religionsphilosoph Sören Kierkegaard hat aus dieser Einsicht in das existenzielle Misslingen jeder begrifflichen Lebenssynthese eine großartige Verzweiflungsapologie des modernen Selbst entwickelt, an die ich hier kurz erinnern will: Denn auch der autonome Freigeist und der Schwarzseher unterliegen im Grunde genommen dieser Verzweiflungsdialektik. Keiner will so werden, wie der andere ist. Jedoch erst aus dieser ambivalenten, unversöhnlichen Erzählstruktur der Moderne gewinnt die Legitimitätsprosa der tradierten Freiheits- und Gehorsamslegenden ihre narrative Stabilität. Ihre Gegensätzlichkeit hält sie im erzählerischen Gleichgewicht insofern, als dass sie zur normativen Verfestigung der je eigenen Geschichte dient. So bestätigt das Beispiel des religiösen Fanatikers nur die säkulare Weltsicht des Unbehausten. Und umgekehrt nimmt der Gläubige die moralisch-politischen Widersprüche in der post-industriellen Gesellschaft als unmittelbaren Beleg für die Richtigkeit der göttlichen Gehorsamsthese.

Gegenwärtig ist nun zu beobachten, wie sich diese selbststabilisierenden Erzählsysteme unter post-faktischen Bedingungen der Moderne weiter radikalisieren.[32] Es findet eine populistische Enthemmung statt, in der die Konkurrenznarrative umso heftiger aufeinanderprallen. Ein Grund für diese Entwicklung liegt sicherlich im Wandel der Konstellationen des sozial-psychologischen Verstehens: Das politische Biedermeier hat abgedankt, und an seine Stelle ist die Brachial-Inszenierung einer alternativen Wirklichkeit getreten, deren Fakten anders sein sollen und werden. Wie ein Phönix aus der Asche entzündet diese Bewegung ihr populistisches Feuer an der erkalteten Glut einer *Political-Correctness*-Kultur, die – am Ende aller Wahrheitserzählungen angekommen (Jean-François Lyotard) – schließlich überhaupt auf Kritik verzichtet, um ihrer Macht zu entkommen. Respekt wird hier bis zum Übermaß eingefordert, weil alles andere mindestens ebenso als kulturimperialistisch gilt. Toleranz ist dort, wo es keinem mehr weh tut. Das Fremde bleibt wie das Eigene heilig-unberührbar sakrosankt. Dieser Grundsatz wird zur bestimmenden gesellschaftlichen Konvention.

Um dieser öligen Vergleichgültigung mit den Schmiermitteln der Postmoderne etwas entgegenzusetzen, bietet sich nun der Populist in seiner Rhetorik als allgemeine Projektionsfläche für all diejenigen an, die sich der Unterdrückung durch das Diskursestablishment nicht mehr beugen, sich ihr nicht mehr ausliefern wollen. Sein Aufschrei hat daher dem äußeren Anschein nach auch etwas Befreiendes, weil er die herrschenden Verhaltensregime und Konsensrituale verletzt. Diese Mischung aus bekannter Moral und vulgärem Exzess bildet den Kitt für die entsprechende Gemeinschaftsrevolution. Doch führt das nur dazu, dass die Sichtweisen auf Politik und Religion zunehmend verrohen: Denn wenn der vernünftige Kompromiss als Einübung in die Entmündigung verleumdet wird, bleibt nur noch die schlichte Selbstbehauptung als politische Reaktion der *volonté générale* (Jean-Jacques Rousseau) übrig – exemplarisch abzulesen auch am AfD-Programm zur Bundestagswahl 2017, das an erster Stelle seines Forderungskatalogs den »Erhalt des eigenen Staatsvolks« setzt.

In diesem post-faktischen Bilderstrudel werden auch die Erzählungen des Unbehausten und der Schwarzmänner hineingezogen und bis zu ihrer Verzerrung als Karikatur beschleunigt: Ob nun säkulare Politiker das Kreuz auf dem Berliner Stadtschloss verhindern wollen, weil es angeblich eine »Hierarchisierung der Kulturen« symbolisiere (dabei wird das Faktum der christlichen Vorgeschichte des Gebäudes geflissentlich übersehen), oder ob Landtagswahlen mit aufstrebenden, skrupellosen Jungparteien gewonnen werden, die in der Leere der Landschaften hinein gespenstische Angstträume erzeugt haben, in denen die Invasion des Islam unmittelbar bevorsteht und Deutschland endgültig in die Sklaverei der Vollverschleierung abtritt – in beiden Fällen ist Angst der Schlüssel. Wie kommen wir aber aus dieser Angstspirale (notwendigerweise erzählend) wieder heraus?

Ausblick: Vom Bau in die Zukunft wechseln

In dem Novellenfragment *Der Bau* (1928) von Franz Kafka, das wie eine Parabel auf die schismatische Situation der Gegenwart verstanden werden kann, geht es um einen Ich-Erzähler in Maulwurfsgestalt, der tief in der Erde lebt und ein gigantisches Höhlenlabyrinth errichtet, um seine Vorräte zu verstecken und sich vor Fressfeinden zu schützen. Zunächst rollt sich der Maulwurf in seinem kunstvollen Bau auch behaglich zusammen, doch bald nimmt er ein zischendes Geräusch wahr, dessen Herkunft er nicht orten kann. Von überall her scheint dieses Geräusch durch die Höhlenwände zu dringen. Auf der Suche nach der drohenden Gefahrenquelle verirrt sich der Maulwurf im Labyrinth seiner eigenen Gedanken-Paranoia. Der Wunsch nach letzter Sicherheit führt ihn also lediglich in den Stellungskrieg mit den eigenen Dämonen. Keine wie auch immer geartete Verteidigungsmaßnahme kann helfen, weil sich der Kampf gegen den unsichtbaren Feind nur im eigenen Kopf abspielt.

Diese Geschichte ist auf die archaische Angst-Konstellation der Moderne übertragbar. Vernunft und Religion graben sich ähnlich in ihre Löcher ein und errichten unterirdische Befestigunganlagen, in der Hoffnung, dass das Labyrinth ihrer Gedankengänge zur Falle für jeden Feind wird. Doch das Streben nach absoluter Sicherheit erhöht auch ihre Reizbarkeit: Aufgescheucht durch das kleinste Geräusch wähnen sie sich gleich von Feinden umstellt, die energisch bekämpft werden müssen, geht es doch um die eigene Existenz. Aber wie in der Novelle Kafkas muss auch hier die Hoffnung trügen, denn das Bild, das man von seinem

Gegner erschaffen hat, ist so übermächtig, dass es sich nie überwinden lässt, sondern als gespenstische Endlosprojektion von den Höhlenwänden immer wieder zurückgeworfen wird. Nichts ist so real wie der imaginierte Feind in meinem Kopf.

Wollte man also »komplementäre Lernprozesse« (Jürgen Habermas) zwischen Vernunft und Religion anregen, muss man den Schleier der Angst anheben. Dafür brauchen wir aber eine andere Erzählung der Moderne, eine Erzählung, die ihre säkulare Identität nicht mit dem Sieg über das verhasste *Ancien Régime* beginnen lässt, sondern sich offen zeigt gegenüber den vielen Geschichten der Bibel und der Aufklärung. Nur so hat die Moderne einen Platz für Gott und Gott einen Platz in der Moderne. Fundamentalisten können davon gewiss nichts wissen, doch an sie richtet sich dieser Appell auch nicht. Es gilt also, unsere Sinne für die narrative Logik unseres Selbstverständnisses zu schärfen und jede Geschichte so zu erzählen, als stünde sie noch am Anfang und müsste erst noch entwickelt werden. Denn keine Geschichte enthält ihren Zielpunkt in sich selbst, geschweige denn, dass sie irgendwann auserzählt oder zu Ende gegangen sei. So wie Abraham nicht nur Gehorsamsritter, sondern auch Gerechtigkeitsfanatiker ist, der im Disput mit Gott über die Zustände in Sodom und Gomorra die Verhältnismäßigkeit Seiner Strafe anmahnt (vgl. Gen 18,1–33), so führt auch bei dem Vernunftenthusiasten Kant der Weg letztlich nicht von der Religion ab, sondern »unumgänglich« zu ihr hin. – Und wenn solche Erzähltraditionen bereits bestehen, wer sollte da noch Angst vor Gott haben?

Anmerkungen

1 Vgl. dazu Albrecht Koschorke, »›Säkularisierung‹ und ›Wiederkehr der Religion‹. Zu zwei Narrativen der europäischen Moderne«, in: Ulrich Willems / Detlef Pollack [u. a.] (Hrsg.), *Religion und Moderne. Kontroversen um Modernität und Säkularisierung*, Bielefeld 2013, S. 237–260.

2 Diese Formulierung findet sich bei Goethe, *Faust. Der Tragödie erster Teil.* Faust über sich selbst: »Bin ich der Flüchtling nicht? der Unbehauste? / Der Unmensch ohne Zweck und Ruh, / Der wie ein Wassersturz von Fels zu Felsen brauste, / Begierig wütend nach dem Abgrund zu?«

3 Vgl. Konrad Lorenz, *Das sogenannte Böse*, Wien 1963.

4 Vgl. Dieter Thomä, *Puer Robustus. Eine Philosophie des Störenfrieds*, Berlin 2016.

5 Thomas Nagel, »Evolutionstheoretischer Naturalismus und die Angst vor der Religion« [1997], in: *Das letzte Wort*, Stuttgart 1999, S. 186–210; hier: S. 191.

6 Der Existenzdialektiker Sören Kierkegaard weist darauf hin, dass im unbedingten Selbst-sein-Wollen stets die abgründige Angst mitläuft, gerade *nicht* dieses von Gott gesetzte Selbst sein zu wollen.

7 Vgl. zu dieser Formulierung, allerdings antithetisch in Hans Magnus Enzensberger, *Schreckens Männer. Versuch über den radikalen Verlierer*, Frankfurt a. M. 2006.

8 In der Chronologie der Zitate: Richard Dawkins, *Der Gotteswahn*, Berlin 2006; Daniel C. Dennett, *Den Bann brechen. Religion als natürliches Phänomen* [2005], Frankfurt a. M. 2009; Christopher Hitchens, *Der Herr ist kein Hirte. Wie Religion die Welt vergiftet*, München 2007; ders., *The Hitch: Geständnisse eines Unbeugsamen* [2010], München 2011.

9 Carlo Strenger, *Zivilisierte Verachtung. Eine Anleitung zur Verteidigung unserer Freiheit*, Frankfurt a. M. 2016, S. 68; 21.

10 »Take up the White man's burden – And reap his old reward: / The blame of those ye better / The hate of those ye guard – / The

cry of hosts ye humour / (Ah, slowly!) toward the light: – / ›Why brought ye us from bondage, Our loved Egyptian night?‹«

11 Grundzüge einer anständigen Gesellschaft, deren Institutionen nicht demütigen, entwickelt Avishai Margalit in: *Politik der Würde. Über Achtung und Verachtung* [1996], Berlin 1997.

12 Mark Lilla, *Der totgeglaubte Gott. Politik im Machtfeld der Religion*, München 2013, S. 153; 57 ff.

13 Ein *MacGuffin* stellt einen Türöffner dar: Er bildet den Anstoß für die zu erzählende Geschichte: Unabhängig davon, ob es um die Beschaffung von vertraulichen Unterlagen, den Diebstahl der geheimen Weltformel oder um einen nicht näher definierten Auftrag geht: Der Inhalt eines MacGuffins ist beliebig, weil es hier einzig und allein auf das die Handlung erregende Moment, nicht aber auf den tatsächlichen Gegenstand ankommt.

14 Vgl. Jan Assmann, *Die Mosaische Unterscheidung oder Der Preis des Monotheismus*, München 2003.

15 José Casanova, *Europas Angst vor der Religion*, Berlin 2009, S. 94 f.; 29.

16 Die Geschichte des Unbehausten will dabei nur linear erzählt werden; sie kennt keine dialektischen Umschwünge, da ansonsten die Grenzen zwischen Gut und Böse verschwimmen würden. Aber dadurch fällt ebenso die Komplexität der menschlichen Gewaltverstrickung unter den Tisch; denn wer wollte mit Blick auf die Schlachthäuser des 20. Jahrhunderts ernstlich behaupten, dass auf der gottlosen Vernunft *a priori* ein Friedenssegen liegen würde?

17 So eine Anmerkung von Adolf Eichmann, dem Logistiker der Juden-Deportationen im Zweiten Weltkrieg, der in seinem Prozess gegen die ihm zu Last gelegten »Verbrechen gegen die Menschheit und dem jüdischen Volk« diesen »Grund« tatsächlich als Erklärung für sein Handeln anführte.

18 Der große Theoretiker der Zivilreligion des 19. Jahrhunderts, Alexis de Tocqueville, hat hier vor allem auf den politisch mäßigenden Aspekt der Religion hingewiesen: Dort nämlich, wo das demokratische Gesetz erlaube, »alles zu tun, so hindert die Religion es, alles auszudenken, und verbietet ihnen, alles zu wagen«

(*Über die Demokratie in Amerika* [1835/1840], Bd. 1, Zürich 1987, S. 441 f.).

19 Immanuel Kant, *Der Streit der Fakultäten* [1798], in: *Werkausgabe*, Bd. XI, hrsg. von Wilhelm Weischedel, Frankfurt a. M. 1977, S. 265–393; hier: S. 333, Anm.

20 Aus Alan M. Dershowitz, *Die Entstehung von Recht und Gesetz aus Mord und Totschlag* [2000], Hamburg 2002, S. 134 f.

21 Neben der bereits erwähnten Arbeit von José Casanova ist vor allem Charles Taylors monumentale Studie über *Ein säkulares Zeitalter* [2007], Berlin 2009, zu erwähnen.

22 Carl Schmitt, *Politische Romantik* [1919], Berlin [6]1998, S. 18.

23 Vgl. Hartmut Rosa, *Resonanz. Eine Soziologie der Weltbeziehung*, Berlin 2016.

24 Vgl. Salman Rushdie, *Joseph Anton. Die Autobiografie* [2012], München 2014.

25 Vgl. Martin Mosebach, »Kunst und Religion. Vom Wert des Verbietens«, in: *Berliner Zeitung* vom 18. Juni 2012; vgl. dazu auch die argumentative Hilfe von Robert Spaemann, »Beleidigung Gottes oder der Gläubigen?«, in: *Frankfurter Allgemeine Zeitung* vom 25. Juli 2012.

26 Zur Kritik an dem fundamentalistischen Aberglauben der Unversöhnbarkeit von Aufklärung und Religion vgl. Susan Neiman, »Was ist heute Religion?«, in: *Zeit Philosophie*, 68. Jg., Nr. 25, Juni 2013, S. 20.

27 In seinem dystopischen Roman *Unterwerfung* (Köln 2015) schildert Michel Houllebecq die politische Erosion einer Gesellschaft, deren Islam-Anbiederung schließlich zu ihrer Entmündigung führt – ein Buch, das ausgerechnet an dem Tag erschien, als ein islamistisches Todeskommando die Redaktion der Satirezeitschrift *Charlie Hebdo* stürmte und unter den Anwesenden ein Massaker anrichtete.

28 So der Gastbeitrag de Maizières in: *Zeit Online* vom 30. April 2017.

29 In einigen Publikationen wird die Selbstfindungsgeschichte der Deutschen zu einem opulenten literarischen Ereignis; vgl. Dieter Borchmeyer, *Was ist deutsch? Die Suche einer Nation zu sich*

selbst, Berlin 2017; Neil MacGregor, *Deutschland: Erinnerungen einer Nation*, München 2015.

30 So lautete die Schlagzeile der *Bild*-Zeitung am Tag nach der Papstwahl von Joseph Kardinal Ratzinger.

31 Das Adorno-Zitat lautet vollständig: »Eine emanzipierte Gesellschaft jedoch wäre kein Einheitsstaat, sondern die Verwirklichung des Allgemeinen in der Versöhnung der Differenzen. Politik, der es darum im Ernst noch ginge, sollte deswegen die abstrakte Gleichheit der Menschen nicht einmal als Idee propagieren. Sie sollte statt dessen auf die schlichte Gleichheit [...] deuten, den besseren Zustand aber denken als den, in dem man ohne Angst verschieden sein kann.« (*Minima Moralia. Reflexionen aus dem beschädigten Leben*, Frankfurt a. M. 1984, S. 130 f.)

32 Vgl. dazu die instruktive Analyse von Albrecht Koschorke, »Wenn das Warten kein Ende nimmt«, in: *Die Zeit* vom 12. April 2017, S. 42.

Zum Autor

Michael Kühnlein, geb. 1967, arbeitet als Dozent für Philosophie an der Goethe-Universität in Frankfurt a. M. und ist dort Mitglied des Instituts für Religionsphilosophische Forschung (IRF). Habilitationsarbeit über das Vorpolitische.

Er veröffentlichte zahlreiche Bücher und Aufsätze zu verschiedensten Themen, u. a. Publikationen zum Verhältnis von Religion, Politik und Philosophie:

Religion als Quelle des Selbst. Zur Vernunft- und Freiheitskritik von Charles Taylor (2008) – als Hrsg.: *Kommunitarismus und Religion* (2010) – *Unerfüllte Moderne? Neue Perspektiven auf das Werk von Charles Taylor* (2011) – *Das Politische und das Vorpolitische. Über die Wertgrundlagen der Demokratie* (2014) – *Vermisste Tugend? Zur Philosophie Alasdair MacIntyres* (2015) – *Gott und Sinn. Im interdisziplinären Gespräch mit Volker Gerhardt* (2016) – *Exodus, Exilpolitik und Revolution. Zur Politischen Theologie Michael Walzers* (2017); *Religionsphilosophie und Religionskritik. Ein Handbuch* (2017 i. E.) – *Charles Taylor: Ein säkulares Zeitalter* (2017 i. E.).